STÉNOGRAPHIE
DES COURS.

SEMESTRE D'ÉTÉ.

ANNÉE SCOLAIRE 1835—1836.

COURS
DE CHIMIE.

1re ANNÉE. M. DUMAS PROFESSEUR.

PREMIÈRE LEÇON.

11 avril 1836.

Dans la leçon précédente nous nous sommes occupés du potassium et de ses différentes combinaisons, nous allons actuellement nous occuper du sodium. Il y a entre ces deux corps une grande analogie quant aux effets et à l'apparence : le sodium de même que le potassium a une très grande affinité pour l'oxigène; il est donc indispensable pour le conserver de le mettre hors du contact de l'air; c'est à quoi l'on réussit parfaitement en le renfermant dans une fiole remplie d'huile de naphte ; ce corps se présente avec une grande mollesse, il est très ductile et se laisse facilement couper; il présente alors un grand éclat métallique, et la surface coupée est beaucoup plus blanche que le potassium ; c'est même un moyen de les distinguer : la section faite dans le sodium ressemble à de l'argent, celle du potassium au contraire est assez terne et se rapproche davantage du plomb; lorsqu'on met le sodium en contact avec l'eau, elle est décomposée; le sodium passe à l'état de base en s'emparant de l'oxigène de l'eau, et l'hydrogène se dégage; c'est un phénomène semblable à celui que présente le potassium dans les mêmes circonstances, avec cette différence cependant que l'élévation de température produite dans la combinaison n'est point assez grande pour enflammer l'hydrogène qui se dégage; on en constaterait d'ailleurs facilement la présence en approchant une lumière du corps projeté; dans le cas où la combustion a ainsi lieu la flamme produite est jaune, ce qui est un caractère général indiquant la présence de la soude, qui se trouve pour ainsi dire volatilisée; lorsque l'on opère sur des substances où entre la potasse, la flamme est violacée, et c'est encore là une différence physique qui sert à distinguer ces deux corps.

La densité du sodium est inférieure à celle de l'eau; elle est d'environ 0,972, celle de l'eau étant 1 ; il fond à une température de 90° c'est-à-dire au dessous de l'ébullition de l'eau.

On concevra facilement que, bien qu'il ait été

nécessaire de décrire les propriétés physiques du sodium, ce n'est point sur lui-même, mais sur les différentes combinaisons dans lesquelles il entre qu'il faut fixer notre attention : nous étudierons ces diverses combinaisons d'après l'utilité que l'on en retire dans les arts, dans l'industrie, en ayant soin de nous appesantir minutieusement sur celles qui présentent un grand intérêt.

Le *sodium*, dans sa combinaison avec l'oxigène, donne naissance à deux oxides : le péroxide s'obtient en élevant le protoxide à une haute température, au contact de l'oxigène : ce corps n'est point permanent ; si on le met dans l'eau il ne tardera pas à passer à l'état de protoxide hydraté, et l'oxigène se dégage. Le protoxide se trouve généralement combiné avec des acides tels que les acides sulfurique, carbonique, etc. : on peut l'obtenir directement, comme le protoxide de *potassium*, en brûlant du *sodium* dans du gaz oxigène ; il est blanc, jouit des propriétés caustiques à un haut degré, et joue habituellement dans les usages que l'on en fait, le rôle d'une base très énergique ; exposé à l'air il s'empare de son humidité ; mais comme il passe à l'état de carbonate qui est un sel efflorescent, il ne tarde pas à se dessécher complétement ; il entre comme partie intégrante dans les savons, dans les verres à vitre, dans les sulfate et carbonate de soude ; enfin seul, il est employé avec succès dans le blanchîment des étoffes, etc. : l'on voit donc que le protoxide et son hydrate sont des combinaisons d'une haute importance dans l'économie industrielle.

Pour distinguer les sels de potasse des sels de soude, nous remarquerons que les sels de potasse avec une dissolution d'acide tartrique donnent un précipité blanc; avec un sel de soude il n'y a point de précipité, le tartrate acide de soude étant très soluble; le chlorure de platine versé sur un sel de potassse donne un précipité orangé, avec un sel de soude, point de précipité; enfin nous pourrions ajouter que le perchlorate de potasse est peu soluble, celui de soude l'est au contraire beaucoup. Il est vrai que ces caractères sont du genre de ceux que les chimistes ont appelés négatifs, c'est-à-dire que nous constatons bien de cette manière que le sel que nous avons n'est point un sel de potasse, sans pouvoir affirmer que ce soit un sel de soude. Le procédé le plus sûr consiste à transformer le sel dont on veut constater la base en sulfate de soude ou en carbonate de soude, et à faire cristalliser; la forme des cristaux constatera suffisamment la nature de la base.

Dans le plus grand nombre de cas, la soude remplacera la potasse avec avantage. Mais ce n'est que dans des pays encore peu civilisés, peu peuplés, là où les forêts couvrent une vaste surface de pays que l'on pourra obtenir de la potasse; en Russie par exemple, dans l'Amérique septentrionale : mais dans les pays, et le reste de l'Europe est dans ce cas, où la population nombreuse exige que la plus grande partie du sol soit livrée à l'agriculture, il faut renoncer à obtenir la potasse : il faut la remplacer par la soude; l'on voit donc dans les progrès constans de la civilisation une cause permanente qui tend à donner l'avantage à ce second produit sur le premier : l'étude des différens procédés qui peuvent nous le procurer est donc d'une haute importance, et nous pensons que sous ce point de vue la connaissance des divers procédés de fabrication aura quelqu'intérêt à vos yeux.

Le carbonate de soude. Ce sel renfermant une grande quantité d'alcali, a dû depuis fort longtemps attirer l'attention des peuples, surtout si l'on considère qu'il se trouve à l'état presque pur sur le bord de certains lacs en Egypte, dans l'Amérique méridionale, en Hongrie, en Chine : il est même permis de supposer que les premiers savons, les premiers verres, dont la connaissance remonte très haut dans l'antiquité, nous ont été transmis par les Égyptiens.

Les anciens savaient aussi préparer ce que l'on appelle soude naturelle (et qui n'est réellement que du carbonate de soude, comme nous le verrons plus tard), en calcinant des plantes marines.

Diverses plantes marines, le *Salicornia europæa*, le *Salsola tragus*, l'*Atriplex*, le *Salsola kali*, jouissent de la propriété de donner du carbonate de soude par l'incinération. On brûle en plein air : il y a formation d'oxalate et par suite de carbonate de soude mêlé à d'autres produits tels que du sulfate de soude, du sel marin, des parties terreuses et enfin du charbon en plus ou moins grande quantité : il n'y a pas ici, comme dans la fabrication du carbonate de potasse, des cendres pulvérulentes; il y a fusion et le carbonate de soude se présente sous forme de masse opaque, vitreuse et que l'on brise par morceaux : les soudes les plus estimées sont celles d'Alicante, de Malaga : nous en avons aussi sur les bords de la Méditerranée : les plantes de ces premiers pays sont les plus riches en carbonate de soude ; ils en contiennent jusqu'à 0, 35 de leur poids ; celles du midi de la France n'en contiennent guère que 0, 20.

Les *Varecks*, dont on retire l'iode, peuvent encore fournir du carbonate de soude par l'incinération, mais en petite quantité, 0, 01 environ : ils contiennent au contraire une quantité notable de carbonate de potasse, et ceci est un fait vraiment remarquable.

Le carbonate neutre de soude est très-soluble dans l'eau ; il est caustique ; si l'on abandonne la dissolution à une température peu élevée, il y aura d'abondans cristaux. Il contient une grande quantité d'eau de cristallisation, environ 62 à 63 centièmes : il s'effleurit à l'air, nous connaissons ce phénomène qui est commun aux sels de soude, tandis que les sels de potasse, au contraire, sont déliquescens dans les mêmes circonstances ; soumis à une température même peu élevée, il éprouve la fusion aqueuse et enfin la fusion ignée à un point voisin de la chaleur rouge et un peu supérieur : mais quelle que soit d'ailleurs la chaleur à laquelle on le soumet, il n'y aura point d'altération, point de décomposition ; la base est si forte, l'acide si faible, que l'on conçoit facilement que la dissolution doive être fortement alcaline, en sorte que, quoique neutre, il agit réellement comme une base, et c'est dans ce sens qu'il est employé dans les arts.

Le sesqui-carbonate de soude : il est soluble dans l'eau; cristallise difficilement; il est fort employé en Angleterre pour la fabrication d'une boisson gazeuse; c'est presque toujours lui que l'on rencontre dans les lacs qui contiennent de la soude : il est du reste facile à préparer. Il contient 1 at : de soude et 3 at : d'acide.

Le bi-carbonate de soude : il contient 1 at : de soude et 4 at : d'acide; il est peu soluble dans l'eau; si l'on fait chauffer la dissolution, le sel passe promptement à l'état de sesqui-carbonate; pour l'obtenir, l'on fait passer à froid un courant d'acide carbonique sur du carbonate neutre; voici comment on opère : lorsque le raisin a été porté dans la cuve pour la fabrication du vin, on recouvre cette cuve d'un vaste entonnoir auquel est adapté un tuyau qui contient du carbonate de soude; la fermentation ne tarde pas à s'établir, et il y a dégagement d'acide carbonique. Cette action de l'acide carbonique sur le carbonate neutre, s'exerce d'abord à la surface des cristaux; mais dans cette opération, le carbonate neutre, passant à l'état de bi-carbonate, perd une portion de l'eau qu'il renfermait; cette eau traverse la masse du carbonate non attaqué, le pénètre dans tous les sens, et permet enfin à l'acide d'exercer son action jusqu'au centre même des cristaux : l'on voit donc combien cette opération est facile à effectuer. Enfin, il s'écoule un liquide richement chargé de carbonate de soude et que l'on pourra faire cristalliser; le bi-carbonate est bien moins soluble dans l'eau que le sesqui-carbonate qui l'est lui-même moins que le carbonate neutre.

La plupart des eaux minérales alcalines qui laissent dégager de l'acide carbonique, telles que les eaux de Vichy, doivent leurs propriétés à la présence du bi-carbonate de soude : c'est en partant de cette formation que l'on fabrique les eaux minérales factices.

Nous allons actuellement nous occuper de la combinaison de la soude avec l'acide hydrochlorique, ou sel marin : ce corps, par son importance dans l'économie domestique, par l'utilité qu'on en retire dans un grand nombre d'industries, mérite d'être soigneusement étudié; il sert à former presque tous les produits qui doivent contenir de la soude; et dans un nombre de cas très-étendu, il est employé pour lui-même.

Sel marin. Lorsqu'il a été purifié, il est parfaitement blanc; il cristallise presque toujours en cubes; quelquefois cependant en octaèdres, mais ce n'est que dans des circonstances toutes particulières; projeté sur le feu, il crépite, parce que ne contenant que de l'eau interposée, l'élévation de température fait passer cette eau à l'état de vapeur, augmente son volume, et finit enfin par briser l'enveloppe qui la contient : lorsqu'on le soumet dans un creuset à une haute température, il ne tarde pas à éprouver la fusion ignée, il devient limpide au point de filtrer au travers du creuset, si la matière en était tant soit peu poreuse; si on décante et qu'on laisse refroidir, il se présentera sous forme de masse opaque, semblable au sel natif; lorsqu'on le verse en fusion, on voit une fumée épaisse, c'est du sel marin en vapeur, et ceci peut servir à expliquer la présence près des volcans de couches salines : on conçoit que la vapeur de sel marin se soit formée par la haute température du cratère et se soit ensuite précipitée par le refroidissement. Sa saveur est connue; elle est franche, agréable et recherchée par l'homme et les animaux; le sel marin favorise la digestion par la soude qu'il contient. Il est employé de deux façons, soit pour corriger l'insipidité des mets, soit pour conserver les viandes, les graisses, etc.; dans ce dernier cas, il favorise la conservation de deux manières : en s'emparant de l'eau que peuvent renfermer les substances à conserver, et en les privant du contact de l'air; il détruit ainsi les deux circonstances qui produisent la putréfaction. Les animaux en général préfèrent, comme nous l'avons dit, les alimens salés, et il ne faut pas croire que cette substance se borne à suivre le chemin que la digestion lui trace; elle se répand partout : c'est ce dont il est facile de s'assurer, en analysant successivement le sang de l'homme et des animaux ruminans, du bœuf par exemple. On trouve ainsi une grande différence dans les quantités de sel constatées, environ trois fois plus dans le premier que dans le second. Enfin, il jouit de cette propriété physique vraiment remarquable que l'eau en dissout la même quantité à froid qu'à chaud, et environ 37 ou 38 parties sur cent.

PROCÉDÉS D'EXTRACTION.

Le sel existe en masses énormes au sein de la terre ou quelquefois à la surface, dans les eaux de différentes sources et dans celle de la mer : le procédé d'extraction différera dans chacun de ces cas, et même dans chaque cas, il dépendra de l'état de pureté plus ou moins grand sous lequel il se présente.

Sel gemme : c'est le nom qu'on lui donne lorsqu'il se présente dans la terre en masse compacte. A Cardona en Espagne il forme une espèce de montagne dans laquelle il suffit de tailler, à Wieliczka en Pologne, il existe en mine; et dans ces deux localités il est à un état de pureté assez grand pour pouvoir être livré au commerce sans préparation préalable; rien de plus simple alors que son extraction : on creuse des puits de mine que l'on fait ensuite éclater; l'on taille sous forme de colonne que l'on coupe ensuite de la dimension des barils et l'on expédie; mais il s'en faut de beaucoup que l'on puisse toujours agir ainsi : dans certaines mines le sel, quoique pur, renferme interposées de petites goutelettes de chlorure de magnésium : lorsque l'on dissout, les sels se mêlent et le résultat est déliquescent, ce qui produit une saveur amère fort désagréable : dans ce cas il faudra dissoudre et procéder à la purification que nous indiquerons plus bas, lorsque nous parlerons de la manière dont on traite les sources salées.

Il existe dans certains filons de la mine de Wieliczka une espèce particulière de sel qui crépite lorsqu'on le fait dissoudre dans l'eau et à mesure qu'il fond: voici l'explication de ce phénomène; ce sel paraît criblé de milliers de petites bulles qui renferment du gaz hydrogène presque pur; lorsque la dissolution qui a lieu a aminci suffisamment les parois de ces globules, l'hydrogène s'échappe avec violence en brisant la légère enveloppe qui le retient encore; il produit alors le bruit dont nous venons de parler; cette théorie expliquera facilement les détonations qui se produisent quelquefois dans les mines de Wieliczka et qui ont une grande analogie avec ce que l'on appelle le feu grisou, dans les mines de houilles.

Il y a encore d'autres mines que celles que nous avons citées; celles de Northwich, par exemple, en Angleterre, et de Dieuze en France.

Des sources salées. Il y a deux ou trois manières de les exploiter; mais elles ne diffèrent en général que par la méthode suivie dans l'évaporation des eaux salines.

En Bavière, cette méthode consiste à faire arriver dans un grand réservoir les eaux que l'on veut évaporer; dans cette première opération, il y a déjà séparation d'une partie des matières qui étaient en suspension dans la liqueur ; en outre, comme elle contient habituellement du carbonate de fer dissous dans de l'acide carbonique, il arrive que dans son passage à travers les tuyaux de conduite elle dépose de l'oxide de fer, et que le carbonate de chaux qui existe et qui se trouvait aussi dissous dans l'excès d'acide carbonique se précipite.

L'eau étant ainsi parvenue au lieu où doit se faire l'opération, elle est élevée au moyen de pompes au-dessus d'un édifice appelé *bâtiment de graduation* : cet édifice est un hangard recouvert d'un toit, l'intérieur est garni de plusieurs rangs de fagots; l'eau versée sur la surface supérieure traverse cette suite de branches, subit pendant ce temps l'influence du renouvellement continuel de l'air, et arrive au bas de la muraille où elle est élevée de nouveau jusqu'à ce qu'elle marque à l'aréomètre une concentration convenable pour les opérations qui doivent suivre. Il faudra nécessairement que la construction du bâtiment soit telle que le vent qui règne habituellement dans le pays se trouve perpendiculaire à sa direction, la raison en est facile à saisir. Il est aussi nécessaire que la distribution des eaux dans la partie supérieure du bâtiment, puisse se faire de manière que le vent ne les rejette pas au dehors, ce qui arriverait, si la couche liquide se trouvait trop près de la paroi opposée au vent; au moyen d'un mécanisme fort simple on peut promptement changer la direction de la nappe liquide, de façon que le vent régnant lui fasse traverser toute l'épaisseur de la muraille de fagots. Ce mode d'évaporation, qui paraît fort long au premier abord, est cependant très court, à cause de la large surface que la nappe liquide présente à l'action du courant; de pareils bâtimens ont jusqu'à

300 et même 350 mètres de longueur, sur une largeur d'environ dix mètres.

Le liquide, en traversant les fagots, laisse déposer du carbonate de chaux, du péroxide de fer, qui n'aura pas été retenu dans les tuyaux de conduite, et du sulfate de chaux; ses dépôts successifs de sels calcaires forment au bout d'un temps plus ou moins long, suivant la nature des eaux salines que l'on emploie, une véritable muraille qui s'oppose enfin au passage des eaux; on est alors forcé de remplacer les anciens fagots par de nouveaux.

Avant de passer à l'opération de l'évaporation par la chaleur, nous énumérerons les différentes substances renfermées dans le liquide que l'on traite : ces substances sont constamment les mêmes, quel que soit le lieu où l'on se trouve; ce qui fait présumer une origine commune à toutes les sources salées : ce sont les chlorures de sodium, de magnésium, du carbonate de chaux et de magnésie, du sulfate de chaux, du sulfate de magnésie, et enfin, mais pas généralement, du carbonate de fer avec excès d'acide carbonique; or, pendant la première opération, nous avons vu que le carbonate de fer passait à l'état de peroxide, et se déposait; que l'acide carbonique se dégageant, les carbonates de chaux et de magnésie, que cet excès d'acide retenait en dissolution, se précipitaient; enfin le sulfate de chaux, devenant d'autant moins soluble que la liqueur se charge plus de sel marin, il arrive que ce sulfate se dépose en partie à mesure que l'opération tire vers sa fin.

Dans cet état de concentration le liquide est

porté dans de vastes chaudières nommées poëles, où il est soumis à l'évaporation par le feu : ces chaudières sont formées de plaques de forte tôle assujetties les unes aux autres; enfin un cône placé au-dessus d'elles conduit au dehors les vapeurs qui se produisent dans le courant de l'opération.

Il ne tarde pas à se former sur les parois de la chaudière un dépôt de sulfate double de chaux et de soude appelé *schlot* : ce dépôt, cette croûte épaisse de sulfate double a l'inconvénient d'empêcher la transmission de la chaleur; il est nécessaire de l'enlever, et il arrive souvent que dans ce cas les chaudières sont endommagées; nous verrons tout-à-l'heure un moyen de remédier à cet inconvénient. Au bout de quelques heures, le sel commence à se déposer; on y ajoute de nouvelles eaux provenant des bâtimens de graduation et l'on schlote de nouveau; lorsqu'elle a une densité convenable, on arrête l'opération; on porte alors la liqueur dans une nouvelle chaudière et l'on fait chauffer légèrement; alors le sel vient cristalliser à la surface du liquide : on enlève ce sel, on l'égoutte et on le fait sécher.

Après l'enlèvement des cristaux, il reste ce que l'on appelle les eaux mères, renfermant, outre du chlorure de sodium, du chlorure de magnésium et du sulfate de magnésie : mais on profite de la basse température de l'hiver; il y a alors échange entre les élemens du chlorure de sodium et du sulfate de magnésie, formation de sulfate de soude qu'on livre dans le commerce, et de nouveau chlorure de magnésium qui s'ajoute au premier, mêlé avec un reste d'eaux mères : la présence du chlorure de magnésium que contiennent encore ces eaux rend le sel que l'on en retire déliquescent, et lui fait en outre contracter une saveur amère et désagréable ; dans la seule saline de Dieuze, on emploie un moyen fort ingénieux de faire disparaître les sels magnésiens, et ce moyen, nous n'en doutons pas, pourrait être employé avec avantage dans toutes les localités.

Remarquons d'abord que le sulfate de soude et le chlorure de calcium se décomposent réciproquement et produisent du chlorure de sodium et du sulfate de chaux ; remarquons en outre que la chaux décompose le chlorure de magnésium en donnant lieu à du chlorure de calcium et à de la magnésie ; si donc nous versons de l'eau de chaux dans la liqueur des poêles qui, nous le rappelons ici, contient du sulfate de soude, du sulfate de chaux, du chlorure de magnésium et du chlorure de sodium, cette chaux décomposera le chlorure de magnésium en magnésie insoluble et en chlorure de chaux qui lui-même, étant en contact avec le sulfate de soude, le décomposera en donnant lieu à du sulfate de chaux qui se déposera et à une nouvelle quantité de chlorure de sodium qui s'ajoutera à la première, d'où nous voyons que cette manière d'opérer produira les trois avantages suivans : 1° en enlevant l'amertume par la destruction du chlorure de magnésium qui la produit ; 2° en augmentant la quantité de sel marin que contenait primitivement la liqueur ; 3° enfin en remédiant en grande partie à l'inconvénient du schlot, puisque l'on empêche la formation du sel double de sulfate de chaux et de soude.

Il est à regretter, nous le repétons, que cet usage de traiter les eaux chargées de sel par la chaux, soit borné à la seule saline de Dieuze, ne doutant pas des grands avantages que l'on retirerait de l'extension de ce procédé aux autres sources salées, et aux marais salans dont nous allons parler tout à l'heure.

Ce procédé, ou du moins les principes sur lesquels il repose est dû à Grenn : l'application de ces principes, telle que nous venons de la décrire, est due à M. Berthier.

Il y a encore deux autres méthodes d'évaporation des eaux de sources salées ; c'est en faisant descendre ces eaux le long de cordes extrêmement multipliées, ou en les faisant tomber sur des tables ou plans inclinés placés les uns au dessous des autres.

Des marais salans. Cette exploitation consiste en une seule évaporation à l'air libre de l'eau de la mer que l'on recueille dans des bassins à larges surfaces creusés sur la côte : l'opération se fait promptement ; tous les phénomènes s'accomplissent exactement de la même manière que dans l'évaporation des eaux provenant des sources salées.

Il y a cependant une circonstance remarquable et particulière à ce procédé ; l'eau se couvre d'une matière rougeâtre et répand au loin une odeur de violette: cette odeur persiste pendant deux ou trois ans; mais elle n'a aucun inconvénient, en ce que le sel renfermant du chlorure de magnésium, on est forcé de la laisser long-temps exposé afin que ce sel déliquescent puisse s'écouler en absorbant l'humidité de l'air. Cette matière rougeâtre est nécessairement un produit organisé existant dans les eaux que l'on soumet à l'évaporation.

Enfin, il existe des pays où l'on profite des gelées considérables que l'on a à sa disposition pour concentrer les eaux qui contiennent le sel marin. Ce procédé est fondé sur la différence qui existe entre le point de congélation de l'eau douce et de l'eau salée; si donc on expose de l'eau de mer à une température convenable, elle se séparera en deux parties, l'une riche en matières salines et l'autre qui en sera dépourvue; mais l'on conçoit que l'on ne puisse pas aller très loin par cette méthode parce que le sel s'attachera à la croûte gelée et s'y attachera d'autant plus que l'eau inférieure sera plus saturée; il est donc impossible de continuer convenablement les congélations successives. Nous remarquerons en outre que l'opération ayant lieu à une basse température, le sulfate de magnésie et une portion du chlorure de *sodium* se transformeront en sulfate de soude et chlorure de *magnesium*, en sorte que les sels obtenus seront inférieurs non seulement en qualité mais encore en quantité à ceux que l'on obtiendrait si l'on appliquait encore ici le procédé de M. Berthier qui consiste à verser de l'eau de chaux. La présence du chlorure de *magnesium* dans les sels que l'on obtient en Russie a même donné lieu à des enquêtes, avant que l'on ne connût la cause des différences remarquables que l'on constatait entre les quantités qui entraient dans les magasins et celles qui en sortaient.

DEUXIÈME LEÇON.

14 avril 1836.

Nous avons vu dans la dernière séance comme on pouvait se procurer, au moyen de l'incinération des plantes, la soude connue sous le nom de soude naturelle : nous allons actuellement nous occuper des moyens qui, en France et en Angleterre, servent à fournir aux arts industriels les immenses quantités de carbonate de soude dont ils font usage.

On retrouve les premières traces de la fabrication de la soude artificielle dans le cours de chimie que M. Delamétherie faisait au collége de France avant la première révolution. Ce procédé était fondé sur une théorie inexacte sans doute, mais qui mérite quelqu'indulgence si l'on considère l'état des sciences chimiques à cette époque. Lorsque l'on traite le sel marin par l'acide sulfurique, l'acide hydrochlorique est dégagé, et il se forme du sulfate de soude; c'est en traitant ce sulfate par le charbon à une haute température que M. Delamétherie espérait obtenir le carbonate de soude. Leblanc, dont les occupations habituelles étaient différentes, s'occupait alors de chimie et suivait le cours de cet illustre professeur; il voulut s'assurer si la méthode indiquée pouvait conduire à la préparation du carbonate de soude; il soumit aux manipulations indiquées du sulfate de soude et du charbon pulvérisié, et éleva à une température convenable; il reconnut qu'il y avait formation et dégagement d'oxide de carbone, et que le sulfate de soude passait à l'état de sulfure de sodium; quant au carbonate de soude, il n'en existait aucune trace. Il fit alors une série d'expériences sur les combinaisons auxquelles pouvaient donner lieu le sulfate de soude et les différens corps, sans se laisser d'ailleurs guider par aucune des théories incomplètes de cette époque; il fut aussi conduit à mêler ensemble du sulfate de soude et de la craie ou carbonate de chaux en poudre avec du charbon, alors le succés fut complet : en mêlant ensemble

180 parties de sulfate de soude sec,
180 parties de craie en poudre fine,
et 110 de charbon en poudre,

il parvint à la transformation en carbonate de soude, de la totalité du sulfate de soude employé.

Rien de plus difficile à établir que la théorie chimique qui doit expliquer nettement l'expérience que nous venons de citer et dont les applications en grand nous permettent de produire si promptement et si parfaitement les immenses quantités de soude artificielle que demandent les besoins du commerce.

Il y a double décomposition : le sulfate de soude se transforme en carbonate de soude qui devient à son tour du sulfate : si actuellement on met dans l'eau pour séparer, il y aura nouvelle décomposition et les deux sels se retrouveraient dans leur état primitif, si la présence du charbon ne servait pas à décomposer le sulfate de chaux produit en sulfure de calcium qui repasserait dans l'eau à l'état de sulfate, si l'on n'avait pas mis en excès du carbonate de chaux qui forme avec le sulfure de calcium un précipité insoluble; il ne reste plus dans la liqueur que du carbonate de soude.

C'est ainsi que, par un grand nombre de tâtonnemens, Leblanc est arrivé à établir un dosage tellement exact dans les élémens de l'opération, que vingt-cinq ans de fabrication de ce produit n'y ont amené aucun changement : il a du reste été trouvé parfaitement d'accord avec les proportions que donne la théorie atomique.

Après avoir répété cette expérience dans son laboratoire un grand nombre de fois, après même l'avoir fait assez en grand devant M. Darcet père, il établit une fabrique où il devait produire la soude en grand pour la livrer au commerce : mais au moment où il pouvait s'attendre à se voir indemniser de ses longs travaux et des sacrifices d'argent qu'il avait dû faire, par une circonstance que l'on ne saurait trop déplorer, la fabrication échoua complètement. Les produits étaient empreints d'une forte odeur de soufre qui les fit rejeter par les consommateurs. La faute qu'il commit provenait de ce qu'habitué à opérer en petit dans des creusets, il n'avait aucune idée des précautions à prendre dans la construction des fourneaux. Le genre de fourneau dont il fit usage et dont on se sert encore habituellement, était une espèce de four à reverbère dans lequel le foyer était placé de côté de manière à pouvoir faire passer la flamme d'une manière continue dans la matière soumise à la fabrication : mais au lieu de donner à la partie qui reçoit le mélange la forme elliptique, il lui donna la forme rectangulaire. Or, c'est un principe connu de tous les métallurgistes, que lorsqu'un four présente ainsi des arêtes, la chaleur y est beaucoup moindre à l'endroit de ces arêtes que dans les autres parties de la paroi; la chaleur n'était pas assez forte pour décomposer le sulfure qui par son mélange postérieur avec le carbonate retiré du fourneau, lui faisait contracter une odeur de soufre infecte, et le rendait impropre aux usages auxquels on voulait le faire servir; c'est donc seulement, nous le répétons, à un simple défaut dans la construction du fourneau que Leblanc dut la non réussite de son entreprise. Cet échec recula de quelques années la fabrication de la soude artificielle en France; elle est actuellement faite en grand dans les environs de Marseille, et les appareils dont on se sert sont fort simples.

Dans un fourneau dont le foyer est placé sur le côté, sont deux cavités; la première, qui sera la plus éloignée du feu, sera formée d'un grès très dur que l'on trouve dans les environs, et servira à recevoir le sel marin et l'acide sulfurique destinés à former le sulfate de soude qui doit servir à la fabrication; dans la cavité qui est le plus près du foyer, l'on place les matières à employer mêlées dans les proportions que nous avons indiquées ci-dessus; l'on conçoit qu'alors le trajet est fort court pour transporter le sulfate de la première sole dans la seconde, et en outre le même foyer peut servir aux deux opérations à la fois : à mesure que l'élévation de température augmente, la matière fond, il se dégage de l'oxide de carbone qui brûle : le dégagement ne tarde pas à s'arrêter, et quelques heures après l'opération est terminée. Alors l'ouvrier ouvre la porte et fait couler la matière en fusion dans des espèces de formes, on la met dans des barriques et on la livre ainsi au commerce.

Le coup de feu du foyer est assez élevé pour que la flamme, après avoir traversé la matière qui doit donner le carbonate, puisse encore aider à décomposer le mélange d'hydrochlorate de soude et d'acide sulfurique qui se trouve dans la seconde sole; l'opération donne alors lieu à un dégagement abondant d'acide chlorhydrique, qui se répand dans l'athmosphère et sur le sol environnant de manière à causer d'affreux ravages sur les terrains cultivés : c'était même, avant que l'on connût le moyen de remédier à cet inconvénient, la source de nombreux procès entre les fabricans de soude artificielle et les propriétaires environnans.

La nature même du terrain sur lequel ces fabriques sont construites a donné le moyen de remédier à cet inconvénient vraiment majeur : ce terrain est composé de calcaire que l'on force l'acide chlorhydrique à traverser. A cet effet, l'on creuse des canaux, que l'on fait monter et descendre un grand nombre de fois, de manière à produire un développement de 3 ou 400 mètres : le carbonate de chaux qui forme les masses calcaires est décomposé ; l'acide carbonique est libre, et il y a formation de chlorure de calcium.

Enfin il y a des fabriques placées dans un sol entièrement nu, entièrement aride, et il n'y a alors pour la végétation aucun inconvénient dans le dégagement de l'acide hydrochlorique.

L'on a établi encore des fabriques d'acide sulfurique dans les pays où le sel marin était extrait des mines, comme à Dieuze; mais alors on emploie pour l'obtenir une méthode entièrement différente. On ne se sert plus, comme à Marseille, d'un four double qui puisse à la fois donner le sulfate de soude du sel marin et le carbonate de soude, but de l'exploitation ; ces deux opérations se font séparément : le sulfate est obtenu dans les cylindres , et l'on recueille, en le condensant, l'acide hydrochlorique qui est dégagé ; il est alors versé dans le commerce, et sert à dédommager de l'excès de dépense que l'on fait pour le combustible ; car dans les fours doubles la température n'a pas besoin d'être augmentée pour que les deux opérations marchent en même temps. L'on voit donc que le seul perfectionnement à apporter dans la fabrication de la soude artificielle consisterait à trouver un moyen de pouvoir recueillir, en se servant de fours doubles, l'acide hydrochlorique dégagé pendant l'opération, et le livrer ensuite au commerce : c'est un problème que pourront sans doute résoudre sans trop de difficulté les personnes qui s'occuperont avec soin des applications de la chimie aux arts , l'on conçoit même que l'on pourrait former de suite avec l'acide hydrochlorique certains sels dont l'industrie pourrait user utilement, tel que celui, par exemple, qui pourrait remplacer l'alun dans la teinture.

La soude ainsi obtenue est presque toujours purifiée; on obtient ce résultat en lessivant à froid.

Enfin, si on voulait l'obtenir tout-à-fait pure, on opérerait d'une manière analogue à celle que nous avons prescrite pour avoir le salpêtre; on peut encore laver avec du carbonate pur : de cette façon, le sel marin et le sulfate de soude disparaîtront. L'on obtient ainsi du carbonate de soude qui renferme à peine cinq centièmes de matières étrangères.

Parmi les différens sels auxquels la soude peut donner naissance, nous nous contenterons de mentionner les suivans :

L'*azotate de soude*, se trouve à l'état naturel au Pérou; on peut aussi l'obtenir directement en traitant le carbonate de soude par l'acide azotique. Il pourrait servir à obtenir l'acide azotique , et, par suite, l'acide sulfurique, ce qui tendrait a diminuer l'usage considérable que l'on fait du sulfate de potasse : ici encore les sels de soude pourraient remplacer avantageusement les sels de potasse.

Le *borax*, ou *borate de soude*, a aussi quelques usages dans l'économie industrielle.

Il y a deux borates de soude, l'un naturel, l'autre artificiel; mais quelle que soit la manière dont il est obtenu, sa composition chimique est la même. Le premier se trouve dans les lacs de l'Inde, où il est connu sous le nom de *tinckal*: c'est le borax brut; il est nécessaire de le purifier. La Hollande était seule autrefois en possession de la méthode de purification de ce sel; mais elle conservait son secret avec tant de soin, que nous ignorions complètement en France le procédé nécessaire pour le faire cristalliser; ce n'est que lorsque les armées françaises pénétrèrent au cœur de la Hollande, que nous pûmes prendre connaissance du mode employé. Nous produisons actuellement tout le borax qui est nécessaire au besoin de l'industrie en France, mais ce n'est point en nous servant de la méthode hollandaise: nous nous servons d'un moyen bien plus économique, en combinant directement, atôme à atôme, l'acide borique que fournit la Toscane avec le carbonate de soude. Ce sel peut cristalliser de deux manières, suivant la quantité d'eau de cristallisation qu'il renferme; si on le fait cristalliser en élevant la température de la dissolution au-dessus de 50°, il se présentera sous forme d'octaèdres; exposé à l'air, il en attire l'humidité et devient opaque. Si l'on ne porte la dissolution qu'à 30°, et que l'on fasse ensuite cristalliser, les cristaux seront prismatiques; dans ce cas, lorsqu'il est exposé à l'air, il devient efflorescent; cela tient à la différence dans les quantités d'eau que contiennent chacun de ces cristaux; le second en contient deux fois plus que le premier; il est plus volontiers employé dans les arts parce qu'il ne s'altère point à l'air. Il sert à obtenir l'acide borique dans les laboratoires, à souder les métaux, et c'est dans cette circonstance que les orfèvres en font un usage fréquent. Enfin il est employé dans une industrie toute nouvelle, dans la fabrication des porcelaines opaques. En définitive, son usage, quoique paraissant très-restreint, ne laisse pas d'exiger la fabrication de quantités encore assez considérables.

Nous dirons un seul mot sur le *lithium.*

Le lithium est un troisième alkali dont les propriétés sont intermédiaires entre celles du barium et des autres alkalis. Jusqu'ici on n'en a encore constaté la présence que dans les minéraux; dans la triphane, dans la tourmaline verte. Le lithium donne lieu à un oxide et par suite à des sels qui sont très stables. Les sels de lithium ont la propriété de colorer la flamme en pourpre : c'est une propriété commune aux sels de strontiane; mais ce qui les en distingue, c'est que si l'on verse une dissolution de phosphate de soude sur un sel de lithium, il y aura formation d'un phosphate double de soude et de lithium qui est insoluble et qui se précipitera; si l'expérience ne réussissait pas de suite, on hâterait la précipitation en versant de l'ammoniaque.

Le *barium* et le *strontium.* Nous allons traiter à la fois ces deux corps qui ont presque toutes leurs propriétés communes. Ils se trouvent dans la nature à l'état de sulfate. Le sulfate de strontium se trouve tantôt cristallisé, tantôt sous l'apparence de masse fibreuse, et il peut affecter beaucoup d'autres formes; celui de baryte se trouve beaucoup plus rarement à l'état de cristaux, la plupart du temps il se présente à l'état amorphe et ne se distingue que par une grande pesanteur spécifique ; le premier se trouve à Montmartre dans les carrières que l'on a exploitées.

Pour pouvoir obtenir les sulfures, on pulvérise les sulfates et on les mélange avec un cinquième ou un sixième de leur poids de charbon ; on porte la température au rouge pendant une heure ou deux, il y a réduction des sulfates en sulfures qui peuvent être décomposés par l'acide chlorique.

Les principaux sels sont :

L'*azotate de baryte*, qui s'obtient en décomposant le sulfure de barium par l'acide azotique. Il sert à obtenir la baryte. Le *chlorure de barium* s'obtient en décomposant le surfure de barium par l'acide hydrochlorique ; il est soluble dans l'eau, mais il ne l'est point dans l'alcohol.

Si vous versez de l'acide sulfurique sur les sels de strontiane, il se forme un précipité abondant d'un aspect nacré, soyeux, c'est un sulfate insoluble de baryte.

Les sels de strontiane diffèrent en ce qu'ils colorent en pourpre la flamme dans laquelle on les plonge; et il est bon de remarquer ici que cette coloration ne devient bien marquée que lorsque du sel solide se trouve en contact avec la flamme ; ainsi, dans le commencement de l'opérisation, ce phénomène sera peu sensible; mais le sel commençant à se déposer par suite de la vaporisation de l'eau, il est bientôt en contact avec la flamme, et la coloration devient bien apparente.

L'*azotate de strontiane* : il se prépare d'une manière analogue à l'azotate de baryte; il cristallise en morceaux énormes: il n'est pas rare de voir des cristaux d'azotate de strontiane peser jusqu'à quinze et vingt livres; c'est un sel doué de la faculté très prononcée de cristalliser en gros morceaux.

Le *chlorure de strontium* diffère du chlorure de barium en ce qu'il cristallise en longues aiguilles, tandis que celui-ci cristallise en lames carrées; enfin, le chlorure de strontium colore en pourpre la flamme de l'alcohol.

Les deux corps dont nous venons de traiter successivement les différentes combinaisons, ont si peu d'importance dans les arts que nous avons dû passer rapidement sur leurs propriétés.

LE CALCIUM.

L'on conçoit que le grand nombre de substances naturelles dans lesquelles entre ce corps, en fait une substance des plus importantes, et qu'il est nécessaire d'étudier avec soin les différens produits auxquels il donne naissance : comme combinaisons d'une utilité première, nous citerons la chaux, les différens mortiers, le plâtre.

Parmi les différens corps où le calcium entre comme élément, nous parlerons du *carbonate de chaux*. Il est la base d'une foule de corps, le marbre, la craie, la pierre à bâtir, la marne, un grand nombre de terres végétales, le spath, l'arragonite.

Il cristallise sous différentes formes : mais quelleque soit d'ailleurs la forme sous laquelle il se présente, les propriétés chimiques en sont les mêmes.

Il est entièrement insoluble, et diffère en cela des carbonates de baryte et de strontiane : il est beaucoup plus facile à décomposer par la chaleur que ces derniers : l'acide carbonique se dégage et l'on obtient de la chaux ; mais si on faisait l'expérience de manière à empêcher l'acide carbonique de le dégager, alors la matière entrerait en fusion et par le refroidissement présenterait l'apparence du marbre : ce serait même un fait curieux de soumettre à cette température successivement le spath et l'arragonite ; on trouverait probablement que le premier seulement de ces corps donnerait lieu au marbre par le refroidissement.

Bien que l'eau ne puisse, comme nous l'avons dit, dissoudre le carbonate de chaux, l'addition d'une certaine quantité d'acide carbonique rendra cette dissolution possible, et si ensuite on l'abandonne au contact de l'air, la déperdition continuelle de l'acide carbonique forcera le carbonate de chaux à se déposer, c'est ce qui arrivera aussi et plus promptement si on soumet une pareille dissolution à la température de l'ébullition ; la même chose aura encore lieu si on soumet la liqueur à l'action d'une pile quelque faible qu'elle soit, ou encore, si l'eau chargée de carbonate de chaux, passe sur des feuilles, des plantes; il y a absorption de l'acide carbonique et dépôt de sel calcaire. Il existe certaines localités où de pareilles dissolutions se présentent naturellement ; à Senecterre, en Auvergne, à San-Felippe, il existe de pareilles sources auxquelles on a donné le nom de sources incrustantes ; la quantité de chaux déposée est telle que si l'on met dans le courant des moules de figures, ils ne tarderont pas à être remplis de carbonate de chaux et à présenter la contre épreuve du moule.

Il y a encore un grand nombre de courans qui contiennent en dissolution du carbonate de chaux et l'on en concevra facilement la raison, si l'on remarque que les eaux de pluie enlèvent à l'air une portion de l'acide carbonique qu'il contient ; si nous admettons maintenant que ces eaux viennent à rencontrer un terrain calcaire, elles ne tarderont pas à dissoudre une portion du carbonate de chaux qu'il contient ; il est vrai que ces sources ne sont pas incrustrantes, parce que l'eau coulant presque à la surface de la terre n'a pas à supporter une pression suffisante pour dissoudre beaucoup d'acide carbonique ; les eaux de Sèvres, de Meudon et de toutes les collines qui bordent la Seine, sont dans ce cas. C'est ce dépôt calcaire qui est une source continuelle de détérioration des chaudières à vapeur, parce que cette croute empêchant la chaleur d'arriver à l'eau que renferme ces chaudières, si une fissure vient à se faire dans le carbonate de chaux, l'eau presque froide se précipite sur la fonte qui est à une très-haute température et peut la faire éclater ; il y a en outre, comme on le voit, une perte notable dans le combustible. Dans les tuyaux de conduite qui amènent les eaux d'une colline voisine à la manufacture de Sèvres, c'est une autre cause qui amène un engorgement total tous les quinze ans environ; ici, la soudure des métaux qui composent le conduit, du cuivre des robinets au plomb des tuyaux, produit en ces points de soudure un développement d'électricité et par suite dépôt de calcaire sur l'un des métaux; aussi connaît-on toujours les points précis où l'engorgement a lieu. Deux moyens sont employés pour remédier à cet inconvénient; le premier consiste à verser dans l'eau une quantité d'eau de chaux suffisante pour saturer l'acide carbonique et à prévenir par conséquent le dépôt de carbonate calcaire; dans le second, on lavera avec de l'acide muriatique : il n'existe aucun danger même pour les chaudières à vapeur, si on a soïn d'arrêter l'opération lorsqu'il n'existera plus que très peu de carbonate de déposé. Enfin, c'est encore à ces eaux chargées de carbonate de chaux qu'il faut attribuer ces phénomènes qui ont étonné les voyageurs, ces grottes formées de milliers de colonnes, ces incrustations plus ou moins énormes, telles que celles que les voyageurs remarquent à Antiparos.

Si nous supposons à la partie supérieure d'une grotte un réservoir contenant de l'eau chargée d'acide carbonique, et si nous supposons en outre que cette partie supérieure contienne du carbonate de chaux, nous aurons l'explication de ce qui se passe. En effet, les eaux du récipient s'infiltrant dans le dépôt calcaire, le dissoudront; des gouttes de cette dissolution s'attacheront à la surface inférieure;

l'acide carbonique se dégagera, tandis que le sel de chaux restera fixé; cette action se renouvelant à chaque instant, finira par produire ces cônes renversés, dont la base est fixée au plafond; et si enfin le poids de l'eau qui s'écoule devient trop considérable, elle tombera sur le sol et formera un cône en sens inverse du premier; après quelques siècles, les extrémités de ces cônes se joindront pour former des colonnes d'une hauteur vraiment remarquable. Le milieu des colonnes, le point de jonction des deux cônes présente une transparence complète; on imagine du reste que la forme des dépôts ainsi produits puisse varier suivant les différentes circonstances.

Nous avons dit que si l'on calcinait le carbonate de chaux, l'acide carbonique se dégageait et que l'on obtenait l'oxide de calcium : c'est ce que l'on appelle la chaux vive, la chaux caustique.

Oxide de calcium. Il est blanc, légèrement soluble dans l'eau, et moins à chaud qu'à froid, ce qui est digne de remarque.

Si on verse de l'eau sur l'oxide de calcium, il l'absorbera, et il y aura dégagement de vapeurs; ajoutons une nouvelle quantité d'eau, il y aura formation d'hydrate, et une élévation de température capable de porter au rouge les corps que l'on y placarait; la chaleur est telle qu'il y aurait inflammation de la poudre à canon : il n'est pas sans exemple que des bateaux chargés de chaux et où il était entré de l'eau aient pris feu.

La chaux ainsi préparée prend le nom de chaux

éteinte : si on lui ajoute du sable en quantité convenable, on formera ce que l'on appelle les mortiers, que nous allons traiter avec détail.

DES MORTIERS.

Les anciens et les Romains en particulier connaissaient le secret de fabriquer des ciments d'une grande ténacité, et qui ont résisté aux injures de l'air depuis des siècles : ils avaient en Italie une matière provenant d'éruptions volcaniques et qu'ils mêlaient à la chaux pour obtenir leurs mortiers : nous avons été très long-temps sans pouvoir obtenir des produits qui les égalassent, mais depuis quelques années nous pouvons fabriquer des ciments certainement supérieurs à ceux des Romains.

Examinons d'abord de quelle façon se comportent les mortiers dans les applications que l'on en fait.

La liaison qu'il établit entre les corps qui sont en contact avec lui, provient de ce que la chaux, en absorbant l'acide carbonique de l'air, passe à l'état de carbonate de chaux et cristallise en lames qui ont une grande ténacité. Supposons donc que l'on fasse usage de ce mortier sous l'eau, il arrivera que la chaux sera dissoute et qu'il ne pourra y avoir connexion ; si on s'en sert à l'extérieur, et que l'air soit très sec, la chaux passera à la vérité très promptement à l'état de carbonate de chaux, mais il y aura désaggrégation des molécules et le mortier n'aura non plus dans ce cas aucune ténacité. Mais si l'air est convenablement humide, et on pourra produire cet effet en humectant les parties sur lesquelles on appliquera le mortier, il arrivera que l'eau dissoudra de la chaux qui, par le contact de l'air, passera à l'état de carbonate et se précipitera ; l'eau pourra donc servir à dissoudre de nouvelle chaux qui se précipitera encore et ainsi de suite, de manière à former une suite de lames superposées qui produiront une grande adhérence aux surfaces en contact. De pareils mortiers ne devront donc jamais être employés dans les fondations, parce qu'il y existe beaucoup trop d'humidité, et nous en avons vu les inconvéniens; l'air ne devra pas non plus être trop sec; il ne faut aussi employer ces espèces de mortiers que dans le cas où l'air peut facilement se renouveler ; ainsi, il faudrait se garder de l'employer lorsque les murailles sont fort épaisses, parce que la chaux ne passerait pas à l'état de carbonate : à l'appui de cette opinion, nous dirons qu'une tour assez ancienne ayant été démolie à Berlin, le ciment renfermé dans l'intérieur des massifs fut retrouvé dans le même état que lorsqu'on l'avait employé, ce n'était que de la chaux presque pure sans carbonate.

Nous voyons donc que le mortier ordinaire ne sera pas propre à être employé dans toutes les constructions ; mais si l'on y fait entrer de la silice et de l'alumine, ou de la silice et de la magnésie, toutes les conditions fâcheuses que nous avons mentionnées disparaissent : il se forme alors un siliucte double de chaux et d'alumine qui est insoluble et qui durcit promptement à l'eau ; telle est la découverte récente de M. Vicat, ancien élève de l'École Polythechnique : on l'a mise à profit dans un grand nombre de constructions et entr'autres dans celle du canal St. Martin. Autrefois on était forcé à d'aller chercher dans quelques localités comme à Metz, à Senonches des chaux qui jouissent de la propriété d'être hydroliques ; actuellement c'est inutile, on sait en fabriquer partout où l'on se trouve, et l'économie obtenue dans les transports est fort grande ; celle obtenue dans la construction du canal St. Martin s'est élevée, je crois, jusqu'à 2,000,000 de francs. Il y a des chaux qui contiennent 15 p o/o d'argile et d'autres qui en contiennent jusqu'à 25 p o/o ; ce sont les plus riches.

Il existe encore une espèce particulière de ciment auquel les inventeurs ont donné le nom de ciment Romain, sans doute à cause de la longue durée dont il est susceptible; mais il présente sous divers rapports des avantages bien supérieurs.

La pierre qui fournit le ciment Romain est d'une fort grande densité, elle contient jusqu'à 36 p o/o d'argile : elle se trouve dans beaucoup de localités, en Angleterre, et on l'a découverte chez nous en Bourgogne, du côté de Pouilli, d'Avallon : nul doute qu'elle ne se trouve encore dans beaucoup d'autres endroits ; mais on n'est point encore parvenu à se la procurer artificiellement. Lorsque le ciment a été préparé, il acquiert sous l'eau une dureté vraiment remarquable : exposé à l'air, il durcit aussi très-promptement, ce que ne peut pas faire la chaux hydraulique : il est alors susceptible d'un très beau poli.

Pour l'employer, on le réduit en une poudre qui est alors colorée en brun, ce qui est dû à la présence de la magnésie et du fer : on peut le mouler et lui faire prendre les formes que l'on désire, tout à fait comme le plâtre. Il est actuellement d'un usage très-répandu et qui va toujours croissant : on en fabrique d'immenses quantités. Il est fort employé chez nous pour la restauration de nos anciens monumens : la cathédrale de Rheims a été ainsi réparée ; il en est de même de l'hôtel de ville de Paris.

Nous avons encore à traiter le sulfate de chaux; la connaissance des sels d'alumine, de silice et de soude nous permettra, dans la première leçon, de parler de la fabrication du verre.

TROISIÈME LEÇON.

18 avril 1836.

Sulfate de chaux. Il se rencontre dans la nature abondamment et sous deux formes différentes, à l'état anhydre et à l'état de l'hydrate. Le premier ne contient point d'eau de cristallisation, il se présente sous la forme de cristaux prismatiques d'une apparence grisâtre ; il est très dur ; les minéralogistes lui donnent le nom de karstenite.

Le sulfate hydrate contient 21 parties pour 100 d'eau ; on le rencontre en très-grandes quantités dans de nombreuses localités. Exposé à une température de 80°, il ne tarde pas à perdre l'eau qu'il renfermait ; et si on l'expose ensuite à l'air, il absorbe l'humidité qu'il contient ; si on le mêle avec de l'eau, il s'en emparera et bientôt se prendra en une masse solide qui cristallisera et qui aura une grande adhérence avec les corps qui seront en contact avec lui : c'est cette dernière propriété dont il jouit qui le fait employer si fréquemment dans les constructions ; les phénomènes qui se passent alors sont analogues à ceux qui se produisent dans l'emploi des mortiers , et la connaissance complète que nous avons donnée de ceux-ci, mettra à même de parfaitement comprendre les effets de ceux-là.

Il est donc nécessaire, comme nous l'avons dit, de faire perdre au sulfate de chaux l'eau qu'il renferme : c'est cette opération qui se fait en grand dans les fours à plâtre ; nous avons dit qu'une température de 80° sufisait pour atteindre le but que l'on se propose ; il est donc complétement inutile de produire la chaleur énorme que les plâtriers s'attachent à obtenir : on pourrait certainement, sans nuire à la fabrication, obtenir une grande économie dans le combustible.

Il faut ajouter cependant que cette température de 80° n'est suffisante que lorsque le renouvellement de l'air peut s'opérer avec facilité : c'est ici la même raison pour laquelle un linge mouillé que l'on a exposé en plein air sèche promptement; mais si on opérait en vase clos, ou si du moins l'accès à l'air libre n'était pas très-facile, et c'est ce qui arrive dans la cuisson du plâtre, il faudrait une température un peu plus élevée pour opérer la dessication; mais une chaleur de 114 degrés est suffisante, et elle est encore inférieure de beaucoup à celle que produisent les plâtriers.

Si lorsqu'il a perdu l'eau qu'il renfermait, on continue à élever la température, il se resserre, se contracte; si enfin, on opère dans un creuset que l'on fera chauffer dans un four de porcelaine, il entrera en fusion complète ; le refroidissement sera fort lent, comme on le pense, si l'on réfléchit que les fours à porcelaine, qui sont deux ou trois jours pour s'échauffer, ont besoin de sept ou huit jours pour se refroidir : ce refroidissement lent produira sur la masse une apparence opaque, et l'on aura un corps sous forme cristalline entièrement semblable au sulfate anhydre dont nous avons parlé plus haut. Ainsi, pour nous, l'un des sulfates aura été produit par la voie humide, tandis que l'autre au contraire l'aura été par la voie ignée.

Quoi qu'il en soit, du reste, de ces différences dans l'origine de ces deux sulfates, ce qui doit attirer notre attention, c'est que l'un, le sulfate hydrate, exposé à une température convenable, perd l'eau qu'il renfermait, jouit alors de la propriété d'absorber de nouveau celle avec laquelle on le mettra en contact et de former des cristaux d'une grande tenacité; si au contraire l'on prend le sulfate anhydre, qu'on le réduise en poudre en le mêlant avec de l'eau, il ne présente en aucune façon cette propriété; il n'a aucune cohésion, aucune tenacité. Il y a donc entre ces deux corps formés des mêmes élémens une différence essentielle, et il est facile de prévoir les conséquences de cette comparaison : le premier pourra être employé dans les arts; et nous avons déjà signalé un de ses usages; l'autre au contraire ne sera pour nous d'aucune utilité; il ne saurait même servir comme pierre à bâtir, car à la longue, exposé à l'air, il finirait par en attirer l'humidité et se déliterait.

Nous ne nous occuperons donc que des propriétés du premier de ces deux sulfates.

Nous avons dit que, calciné convenablement, le sulfate de chaux hydraté constituait la pierre à plâtre. Nous avons ajouté que, quand il est employé dans cet état, il devient inaltérable à l'air. Il est légèrement soluble dans l'eau ; elle en dissout environ la 250e partie de son poids à froid : cette quantité, quoique très faible, rend les eaux qui en sont chargées impropres à beaucoup d'usages. Les eaux de Montmartre, celles de beaucoup de puits de Paris sont dans ce cas, ce qui tient à ce que les eaux qui les alimentent traversent et séjournent dans des bancs de sulfate de chaux et dissolvent une petite quantité de ce sel calcaire.

Lorsqu'on emploie de pareille eau pour laver le linge, le savon est décomposé ; les acides margarique et stéarique qui entrent dans la composition des savons, se portent sur la chaux pour former un margarate et un stéarate de chaux, ce qui constitue un véritable savon calcaire insoluble. Dans ce cas le but que l'on se propose d'enlever les saletés, n'est nullement rempli ; il se forme au contraire par dessus une couche de savon de chaux qui les préserve ; on a beau rincer on ne peut parvenir à enlever la couche ainsi adhérente aux fibres du linge ; exposé à l'air, il ne devient jamais parfaitement sec ; enfin, après un très petit nombre de blanchissages, il contracte une odeur infecte, qu'il est facile de s'expliquer d'après ce que nous avons dit, et qui le rend extrêmement désagréable à porter.

Si l'on se sert d'une eau chargée de sulfate de chaux, pour la cuisson des légumes, ils ne cuisent pas, ils durcissent ; c'est un fait que vous expliquerez lorsque vous saurez que les légumes contiennent un corps qui, combiné avec la chaux, devient complétement insoluble.

Les animaux ne boivent cette eau qu'avec répugnance ; lorsque l'homme en fait usage, elle produit chez lui de grandes pesanteurs dans l'estomac, dues à la présence de ce sulfate de chaux.

Les inconvéniens apportés par la présence de ce sel calcaire sont donc graves, et ce serait une chose importante que d'y pouvoir remédier. Eh ! bien, rien de plus facile ; il suffit, pour enlever à une eau qui se trouve dans ces conditions ses propriétés nuisibles, d'y ajouter une quantité convenable de carbonate de soude ; il y a alors double décomposition ; l'acide sulfurique se porte sur la soude et il y a formation de sulfate de soude, en outre production de carbonate de chaux, mais dont la présence dans l'eau ne donne lieu à aucun des inconvéniens que produit le sulfate de chaux ; quant à la dépense du carbonate de soude, elle ne sera que très faible à cause de la petite quantité qui y est nécessaire. On continuera à verser de la dissolution de carbonate de soude jusqu'à ce qu'elle ne donne plus lieu à précipitation.

Parmi les usages auxquels on a employé le sulfate de chaux, nous devrons placer en première ligne, celui qu'en font les agriculteurs pour l'engrais des prairies ; on le réduit en poudre et on le sème sur la surface de la prairie à amender. Certains engrais ont pour but de favoriser le développement des organes qui se rapportent à la génération, tels que la fleur, la graine ; ce n'est point là le but du sulfate de chaux : versé sur certaines plantes, comme le trèfle par exemple, il favorise à un haut degré le développement des parties herbacées, en arrêtant la production de la graine et des fleurs ; or c'est habituellement le premier de ces buts que se propose le cultivateur des prairies artificielles.

La raison du phénomène qui se passe dans cette circonstance, n'a point encore été parfaitement exposée ; le plus grand nombre des agronomes, je parle de ceux aux expériences desquels il est permis d'ajouter toute confiance, attribuent cet accroissement remarquable de la végétation au sulfure de calcium qui se produit dans la calcination de la pierre à plâtre; ainsi, selon eux, tout l'effet serait dû à la présence de ce sulfure, et nullement à celle du sulfate de chaux, qui serait alors complettement inutile. Il est permis de douter de la réalité de cette explication, lorsque l'on considère la petite quantité de sulfure de calcium qui est produite dans la cuisson du plâtre. Nous aimons mieux penser que le sulfate de chaux agit ici sur certains organes des plantes, comme le chlorure de sodium agit sur les animaux, en se dissolvant et pénétrant dans ces organes dont il favorise l'action digestive; et nous serons d'autant plus fondé dans notre opinion, que ce n'est point le seul sulfate de chaux qui produit sur les plantes cette action remarquable; certains sels ammoniacaux, que l'on obtient souvent d'une façon détournée, mais dont alors l'action doit être plus intense, jouissent de cette propriété.

Quant aux usages du sulfate de chaux dans l'art de bâtir, je dois me borner ici à de simples remarques, à cause de l'analogie qui existe entre son emploi et celui des mortiers.

Le sulfate calciné et mêlé ensuite avec de l'eau, se prend en une masse cristalline d'une ténacité plus ou moins grande. Il est à remarquer que lorsque le plâtre que l'on emploie est parfaitement pur, et privé de matières étrangères, il a peu de cohésion ; c'est ce que l'on remarque dans le plâtre à mouler ; l'on sait que, dans ce cas, la division des différentes parties est facile à opérer. Dans le plâtre commun, au contraire, qui contient environ quinze parties sur cent de carbonate de chaux, la ténacité est, comme on le sait, fort grande; cet effet ne doit cependant point être attribué à la présence du carbonate de chaux comme sel ; cette action est purement mécanique. En effet, si vous prenez du plâtre à mouler parfaitement pur et que vous y ajoutiez une substance inerte, du sable par exemple, l'aggrégation des molécules, la cohésion devient fort grande. Il faut donc croire que cette addition d'une matière inerte au sulfate de chaux calciné, favorise singulièrement sa ténacité. Or, quoiqu'il n'arrive pas habituellement que dans le plâtre commun cette addition ait été faite à dessein, nous allons voir néanmoins que la manière dont la cuisson est faite, produit les mêmes résultats. En effet, pour pratiquer cette opération, on forme des arches avec les pierres à plâtre que l'on veut calciner, en mettant les plus grosses à la surface supérieure : on emplit la portion vide de fagots auxquels on met le feu : quelles que soient les précautions que l'on prenne pour que la température soit uniformément distribuée, on conçoit qu'il est impossible d'arriver à ce but, en sorte que, dans une même cuisson, l'on aura trois espèces différentes de produits : la partie inférieure du four aura éprouvé souvent une trop grande chaleur et aura passé à l'état de sulfate anhydre ; la portion moyenne aura éprouvé un degré convenable de cuisson, tandis qu'une portion notable de la partie supérieure du four n'aura subi aucune transformation ; si actuellement l'on vient à mêler ensemble ces trois qualités, on voit que certaines portions des surfaces supérieure et inférieure du four, joueront le rôle de la masse inerte que nous avions ajoutée au plâtre parfaitement pur. L'on conçoit qu'il y aurait ici économie de combustible à se procurer le plâtre parfaitement pur, et à le mêler ensuite avec un corps inerte : le but qu'on propose serait parfaitement atteint.

Lorsqu'on emploie le plâtre en le mêlant avec de la gélatine, il acquiert alors une grande consistance et forme ce que l'on appelle du *stuc*. Ce stuc ainsi préparé est susceptible de recevoir un beau poli qui permet de le laver. Quelquefois en formant cette matière, on y mêle des substances colorées et l'on forme des marbres artificiels, dont la ressemblance avec les marbres naturels est parfaite. Mais rien ne serait plus facile que de les distinguer ; en versant de l'acide carbonique sur ces derniers, il y aurait effervescence produite par un dégagement abondant d'acide carbonique; rien de semblable ne se produirait avec les premiers. Les stucs ne présentent pas non plus au toucher la sensation de froid que produisent les marbres naturels.

DES VERRES.

La potasse, la soude, les terres alkalines jouissent de la propriété de se combiner en diverses proportions avec la silice et de former des silicates de ces bases qui sont ce que l'on nomme des *verres;* on peut du reste y ajouter différens corps, tels que l'oxide de plomb, l'oxide de fer, l'alumine, pourvu qu'il reste toujours dans la composition une base alkaline. Les verres se distinguent dans le commerce en différentes espèces, suivant les différentes espèces de bases alkalines ou d'oxides qui entrent dans leur composition.

Verre soluble. C'est un silicate simple de potasse, de soude ou un silicate double de potasse et de soude, sans aucun mélange de parties terreuses, et ceci est une condition essentielle. Il est composé de 70 parties de silice et de 30 parties de potasse et de soude. Un pareil produit est insoluble dans l'eau froide et soluble au contraire dans l'eau bouillante; on l'emploie pour préserver les objets que l'on veut rendre incombustibles.

Il est indispensable, nous le répétons, de ne faire entrer aucune matière étrangère dans la composition de ce verre, quand même ces matières seraient solubles : si, par exemple, il y entrait du chlorure de potassium, la solubilité dans l'eau bouillante pourrait être notablement diminuée; le verre même pourrait devenir efflorescent.

Verre insoluble. Autant il est nécessaire que le verre dont nous venons de parler soit complètement privé de bases insolubles, autant il est indispensable que celui-ci en contienne.

La nature de ces bases varie suivant le verre que l'on voudra obtenir; tantôt ce sera de l'oxide de plomb, tantôt de la chaux ou de l'oxide de fer, ou de l'alumine; mais cette dernière base ne s'y trouvera que dans des cas très rares. Tout le reste est accidentel; vous pourrez trouver dans les verres encore d'autres substances, mais elles ne seront pas indispensables à sa fabrication : on ne les y aura introduites que pour en modifier l'aspect.

Voyons maintenant de quelle manière les bases et les proportions dans lesquelles entrent ces bases peuvent servir à distinguer les différentes espèces de verre.

Lorsque l'on emploie la potasse pour base du verre, il est toujours incolore : si au contraire on emploie la soude, le verre présentera toujours une teinte bleue, et cette teinte augmentera d'intensité avec la pureté des matières employées. On avait expliqué cette production constante de la couleur bleue en l'attribuant à un corps qui prenait naissance dans la fabrication, à de l'*outremer* qui est un composé de silice, de soude, de chaux et d'alumine. Mais comme j'ai vu des verres à base de soude parfaitement blancs, parfaitement incolores, il faut attribuer la coloration qui a lieu dans la plupart des fabriques à des circonstances encore ignorées et qui finiront certainement par être connues.

Le verre de Bohême, que l'on rencontre fréquemment dans les anciens hôtels, et qui est actuellement très-avantageusement remplacé par les glaces, a une légère tendance à la couleur jaune. La composition de ces verres, lorsqu'ils sont de bonne qualité, est de

75 parties de silice,

15 de potasse,

10 de chaux, et une quantité très-petite d'alumine, due à la matière dont est formé le creuset dans lequel s'est faite l'opération.

Ces verres, à base de potasse, conviennent parfaitement dans les ateliers d'optique, où ils sont employés dans la construction des instrumens pour compenser le flint-glass, dont nous parlerons plus tard ; mais alors, il faut combiner les élémens dans des proportions un peu différentes; on obtient ainsi ce que l'on appelle le crown-glas. Sa composition est celle-ci :

68 à 70 parties de silice.

30 parties environ de potasse et de chaux, et une petite quantité d'alumine dont nous ne tenons pas compte,

Si, actuellement, nous voulons obtenir un verre économique, au meilleur marché possible, alors nous ne serons plus gênés dans sa fabrication ;

nous prendrons les sables tels qu'ils se présenteront, sans avoir égard à leur qualité, ils pourront contenir de l'alumine, de l'oxide de fer, il arrivera même certains cas où cette addition de corps étrangers sera favorable. Ils pourront alors être composés de la manière suivante :

60 parties de silice,

20, 25, ou même 30 parties de chaux,

6 parties d'alumine environ,

5 ou 6 d'oxide de fer,

3, 4 ou 5 parties de potasse ou de soude, suivant la facilité plus ou moins grande de se procurer l'une ou l'autre de ces bases. Nous reviendrons d'ailleurs plus tard sur ces différences.

Passons actuellement aux verres dans lesquels il entre de l'oxide de plomb; l'on a alors ce que l'on nomme *cristal*.

Ce produit est assez constant dans sa formation: elle est habituellement de :

60 à 63 parties de silice;

30 à 33 d'oxide de plomb;

5 à 6 parties de potasse.

Mais vous en trouverez dans les usines étrangères qui contiennent moitié moins d'oxide de plomb; vous en pourrez même trouver qui ne contiendront point du tout de cet oxide; il est nécessaire dans ce cas d'opérer avec le plus grand soin sur les matières que l'on emploie, et de les avoir très pures.

Outre le cristal commun ou ordinaire, il en existe un auquel on donne le nom de *flint* et qui est très employé dans l'optique; il doit alors être très pur, ne contenir ni bulles ni stries, ce qui ferait dévier la direction des rayons visuels : cette grande pureté du flint-glass est très difficile à obtenir. Dans la composition de ce produit, la quantité d'oxide de plomb augmente sensiblement; l'analyse du flint-glass obtenu par M. Guignard est la suivante :

43 parties d'oxide de plomb;
43 parties de silice;
12 parties de potasse.

Enfin, si l'on augmente encore de beaucoup la quantité d'oxide de plomb, on obtient le *strass* qui imite parfaitement le diamant lorsqu'il est incolore; il s'en distingue en ce qu'il est beaucoup moins pesant, en ce qu'il ne raie point le verre ordinaire qui l'entamerait au contraire; enfin, il ne saurait donner du carbone par la décomposition. Si l'on emploie des matières colorantes avec le strass incolore pulvérisé, on aura des pierreries artificielles imitant plus ou moins les pierres précieuses naturelles.

La composition suivante est celle du strass obtenu dans les ateliers de M. Douault-Wiéland :

53 parties d'oxide de plomb;
12 parties de potasse;
38 parties de silice.

Si vous prenez un verre à base de plomb, et que vous y ajoutiez du péroxide d'étain, il ne s'y dissout point, quelle que soit la température; il reste en suspension, procure au verre ainsi traité une couleur opaque et constitue l'émail du commerce dont les usages sont fréquens dans la fayence commune, et sert à fabriquer des cadrans, et encore dans d'autres circonstances, comme nous le verrons plus tard.

Les combinaisons auxquelles peut donner lieu le mélange de silice avec les bases alcalines et différens oxides métalliques sont, comme on le voit, très variées; mais il y a des propriétés communes à toutes, et ce sont celles-là que nous allons étudier, en insistant sur celles qui auront le plus de rapport avec les usages économiques.

Tous les verres que nous avons successivement considérés sont susceptibles d'éprouver une fusion si on les soumet à une haute température ; elle variera d'ailleurs, et l'on doit le pressentir, avec la nature des bases que l'on aura employées, et aussi suivant la quantité plus ou moins grande que l'on y aura fait entrer. Si, par exemple, le verre contient de l'oxide de plomb, il fondra plus vite que celui à base de chaux et d'alumine, et il entrera en fusion d'autant plus promptement que la quantité d'oxide de plomb sera plus grande.

Il est d'après cela facile de concevoir dans quelles circonstances le cristal peut avoir pris naissance. Si l'on met dans un four à réverbère un creuset contenant les matières nécessaires à la fabrication, le verre ne tardera pas à se faire, mais la surface de la matière se couvre d'une couche noire due à la présence du charbon. L'on imagina, pour remédier à cet inconvénient, de recouvrir le creuset d'un chapiteau. Mais il arriva alors que les matières soumises à l'opération, n'éprouvant plus la réflexion de la chaleur énorme de la voûte du four, la fusion ne pouvait pas avoir lieu; il a donc fallu augmenter la fusibilité du mélange, et c'est ce qui s'est fait parfaitement en ajoutant de l'oxide de plomb. Si l'on augmente la proportion d'oxide, on obtient le flint, et si on augmente encore davantage, on a le strass.

Si l'on veut fabriquer le verre à vitres, une des conditions essentielles est que le produit obtenu soit altérable le moins possible à l'air; on y fera alors entrer la soude et la chaux dans une proportion déterminée convenablement; mais si l'on veut obtenir les glaces, il n'est plus aussi indispensable que le verre soit inaltérable; il sera permis alors d'augmenter la proportion de la soude et de diminuer celle de la chaux; c'est cette différence essentielle dans les usages auxquels devra servir le verre, qui guidera en général dans les proportions des élémens qui le constituent.

Au reste quelles que soient la matière et les proportions des élémens dont les différens verres sont composés, ils éprouveront la fusion à une haute température; mais cette fusion ne se présentera point sous forme d'une nappe limpide comme celle du chlorure de sodium; elle aura une apparence pâteuse, semblable à celle du borax fondu, c'est-là une des propriétés physiques fondamentales du verre et sur laquelle repose tout le travail auquel l'on soumet la masse résultant de la fusion, pour lui faire prendre les différentes formes suivant les usages auxquels on veut l'employer. La masse passe par une suite d'états très voisins les uns des autres, et vous reconnaîtriez même difficilement l'instant où la masse de fluide qu'elle était devient solide. Lorsque le verre est dans cet état, si on y plonge un corps, il s'y attachera ; en portant sur une meule que l'on fera rapidement tourner (600 tours à la minute environ), l'on obtiendra un véritable fil de verre qui serait susceptible d'être tissé. Ce fil a une grande ressemblance avec les cheveux quant aux effets physiques ; il éprouve facilement les variations hygrométriques de l'air ; il boucle facilement. On avait mis autrefois cette ressemblance à profit pour faire des perruques ; mais on prétendait, et peut-être avec raison, que la poussière extrêmement ténue des brins de verre brisés pourrait être nuisible. Une particularité fort remarquable, c'est que, si pour obtenir le fil de verre on soumet à la fusion un morceau prismatique de cette substance, le fil obtenu sera lui-même prismatique dans toute sa longueur et quelle que soit son épaisseur. Si l'on employait un cylindre creux, comme un tube, par exemple, le fil lui-même serait cylindrique et son axe serait vide.

Lorsque les verres ont été fondus, si on les laisse refroidir lentement, ils éprouvent différentes altérations auxquelles Réaumur, qui le premier porta son attention sur ce fait, donna le nom de *dévitrification*. Le verre devient alors très dur ; il peut faire feu au briquet ; il est opaque, bien plus difficile à fondre et bien moins sujet à ressentir les variations hygrométriques de l'atmosphère ; l'on conçoit que toutes ces modifications des propriétés physiques du verre se tiennent et soient le produit d'une même cause : or, il arrive que par le refroidissement lent qui s'opère, le mélange intime des diverses matières est détruit, et que la silice se porte sur les bases différentes qui entrent dans la fabrication pour former des silicates qui sont susceptibles de cristalliser. Ce phénomène de la dévitrification sera d'ailleurs d'autant plus facile à constater que le nombre des bases sera grand; dans le verre à bouteille, par exemple, il n'est pas rare de le rencontrer; la masse pâteuse renferme çà et là des fragmens entièrement solides : le verre devient alors *galeux*. C'est pourquoi les ouvriers évitent avec soin de soumettre plusieurs fois à l'action du feu le verre qu'ils ont à souffler; au bout de deux ou trois opérations, la masse serait cristallisée et il serait impossible de donner au verre la forme que l'on désire, quelle que fût d'ailleurs la force du souffleur. C'est ce qui arrive lorsque dans les laboratoires on veut se procurer un tube à boule; si l'on n'est point assez exercé et que l'on se reprenne à plusieurs fois pour obtenir la boule, le verre soumis à plusieurs reprises à la lampe d'émailleur se dévitrifie et ne peut plus être d'aucun usage.

Lorsqu'au lieu de laisser refroidir lentement le verre, on le soumet à un refroidissement brusque, il devient très cassant; cette propriété est très simplement mise en évidence par ce que l'on appelle les *larmes bataviques* : pour les obtenir, on verse goutte à goutte du verre fondu dans de l'eau froide; la surface extérieure est rendue solide par le contact de l'eau ; la surface intérieure, au contraire, est encore à une haute température et très-dilatée; elle ne refroidit que lentement, mais en restant adhérente à la surface extérieure, en sorte qu'il se forme un vide au centre de l'enveloppe ; mais comme la surface intérieure occupe plus d'espace qu'elle n'en devrait réellement occuper à la température à laquelle elle se trouve, elle exerce sur la surface extérieure une grande attraction. Si l'on presse, les parois intérieures se rapprochent instantanément et produisent le bruit que l'on remarque en brisant ces petits corps.

Tous les verres, si on les exposait à des changemens brusques de température, se trouveraient plus ou moins dans les circonstances que présentent les larmes bataviques, si on ne leur faisait subir l'opération du *recuit*. Cette opération consiste à soumettre le verre à une haute température, et à laisser ensuite refroidir lentement; il devient alors susceptible d'éprouver, sans se briser, des chocs assez violens et des variations assez brusques de température.

Lorsque le verre n'a point été recuit, ou lorsqu'il ne l'a été qu'imparfaitement, il est très facile de le couper suivant une direction donnée, au moyen d'un changement brusque de température qu'on lui fait subir aux endroits où l'on veut produire la séparation. S'il a éprouvé l'opération du recuit, il faut au préalable donner un trait de lime et chauffer le verre à cet endroit; il se produit alors une fente; on promène ensuite à partir de cette fente un corps chaud dans la direction de la cassure que l'on veut produire. On se sert habituellement pour cela de petits cônes de charbon réduit en poudre et délayé avec de l'eau gommée à laquelle on peut joindre de la poudre de benjoin. Cette manière d'opérer n'est évidemment nécessaire que lorsque la surface du verre est conique ou cylindrique ; car, lorsqu'elle est plane, le meilleur procédé dont on puisse se servir est de rayer la lame avec un diamant ; en faisant un léger effort, les deux parties se séparent.

Parmi les différentes propriétés du verre, il en est une qui présente des applications dans un trop grand nombre de cas, pour ne point la mentionner ici. Nous voulons parler de l'action de l'humidité. Il arrive que lorsque cette action s'est exercée pendant un long temps, le verre est attaqué ; une portion de la silice et de l'alcali se combine pour former un silicate alcalin qui est soluble, il reste un silicate double de chaux et d'alcali qui est insoluble et qui se détache en lames minces, présentant, comme toutes les surfaces minces, les couleurs de l'arc-en-ciel : ces écailles sont faciles à réduire en poudre. Le même effet se remarque sur les verres qui ont été trouvés dans les tombeaux : en voici un qui a été découvert près de Naples, et qui a donné, comme vous le voyez, une masse pulvérulente assez considérable.

Tous les verres, du reste, sont à la longue plus ou moins attaqués par l'humidité. Les glaces, par exemple, se ternissent à l'air et exigent un nouveau poli ; celles qui contiennent beaucoup d'alcali sont, comme on le pense, plus sujettes à éprouver ces altérations.

Cette action de l'eau sur les bases solubles, qui composent le verre, se présente quelquefois dans des circonstances fort singulières. Lorsque les glaces sont emmagasinées, on les place deux à deux, trois à trois, sous une légère inclinaison. Il arrive alors quelquefois qu'elles ne peuvent plus être séparées, quelque effort que l'on fasse; elles sont entièrement soudées. On avait donné pour raison de ce fait que le contact prolongé et intime de ces surfaces devait, à la longue, produire entre elles une cohésion, qu'il devait être très difficile de détruire: c'est une erreur. La cause en est due, à ce que les glaces ayant été placées dans les magasins pendant un temps humide, l'eau hygrométrique interposée entre les deux surfaces, avait à la longue dissous le silicate de soude qui faisait alors l'office de soudure. Cette explication est d'ailleurs confirmée par les phénomènes suivans. Si l'on brise, en donnant un coup sur l'une des surfaces, ce ne sera point seulement la glace à laquelle appartient cette surface qui se détachera, mais bien un morceau composé des deux glaces; et si l'on pulvérise du verre et qu'on l'expose long-temps dans un air humide, la poudre attirera l'humidité et se prendra en une masse solide, qui aura une grande force de cohésion.

QUATRIÈME LEÇON.

21 avril 1836.

Dans la dernière séance, nous nous sommes occupés des effets produits par l'action à froid de l'eau sur le verre ; mais je ne crois pas m'être suffisamment étendu sur cette action. Si l'on réduit en poudre fine certains verres, et si on les met en contact avec l'eau froide, la liqueur manifestera de suite des propriétés alcalines ; c'est ce que l'on constatera facilement en y plongeant du papier de curcuma. On expliquera facilement, à l'aide de la connaissance de ces faits, comment la poudre de crown-glass, exposée à un air humide, finit par se prendre en une masse solide et compacte ; c'est que l'eau dissout une portion de la soude, précipite une autre portion de silicate, et forme une espèce de substance pâteuse qui réunit les différentes parties du mélange.

Vous pourrez produire encore les mêmes effets si, au lieu de diviser le verre et de le réduire en poudre, vous élevez la température de l'eau avec laquelle il est en contact.

Parmi les effets produits par les différens corps

sur le verre, ceux que produisent les acides doivent certainement être étudiés avec soin par l'importance dont ils sont; c'est, en effet, ceux que l'on rencontrera le plus souvent dans les usages domestiques.

Lorsque l'on réduit le verre en poudre et qu'on y verse un acide, l'acide sulfurique, par exemple, il y a décomposition; l'acide se porte sur les bases pour former des sulfates, et la silice est mise à nu; mais si le verre n'a point été réduit en poudre, il pourra, dans les circonstances ordinaires, résister à l'action de l'acide, à moins que cet acide ne soit très-concentré, ou que l'on élève la température, ou enfin à moins que le verre ne contienne un grand nombre de bases. Le verre à bouteille est dans ce cas; vous pourrez généralement conserver dans des flacons de verre ordinaire des acides nitrique ou sulfurique; mais si vous vouliez faire usage de flacons de verre à bouteille, ils ne tarderaient pas à être attaqués; la décomposition se fait alors d'une manière constante; il s'élèvera de petits mamelons coniques dont la position aura sans doute été déterminée par des stries ou autres imperfections du verre; ces mamelons s'élèvent petit à petit et peuvent arriver à une hauteur de 6 ou 8 lignes, et même quelquefois de 1 pouce. La formation de ces petits cônes est facile à expliquer; l'acide sulfurique forme avec la chaux que contient le verre un sulfate de chaux qui cristallise et qui se placera d'abord aux environs des petites aspérités que produisent les stries; cette cristallisation augmentant, le sel se dépose par couches et finit par produire un volume assez considérable. Il peut même arriver que des acides beaucoup plus faibles que l'acide sulfurique produisent le même effet. L'acide tartrique est dans ce cas, par exemple. Il y a un siècle environ que l'on s'aperçut que du vin conservé dans des bouteilles provenant d'une verrerie des environs de Nevers, était devenu complètement incolore, et avait en outre contracté une amertume désagréable et une forte odeur de soufre. L'on conçoit qu'à cette époque ce dût être une chose fort difficile à expliquer; mais, d'après ce que nous avons dit ci-dessus, ce fait va trouver facilement son explication. Il arriva sans doute que vers cette époque la qualité de la soude employée dans cette fabrique fut changée, et que les proportions de cette base augmentèrent; en sorte qu'à raison de cette augmentation le verre fut rendu plus attaquable; il dût se former un sulfure de calcium et un tartrate de chaux; en outre un tartrate d'alumine qui précipitait la matière colorante du vin; les bases en dissolution dans la liqueur lui faisaient contracter une saveur amère; enfin l'acide sulf hydrique produit donnait cette odeur de soufre que répandait la liqueur.

L'on conçoit que les acides doivent avoir sur les verres une action bien plus énergique à chaud qu'à froid, et c'est cette action qui doit différer avec les différentes espèces de verre, que M. Guyton Morveau proposait de mettre à profit pour l'essai de ces verres. Ce procédé consistait à placer dans un creuset une couche de sulfure de fer du commerce que l'on recouvrait d'une lame de verre d'une certaine qualité; on la couvrait d'une seconde couche de sulfate, puis celle-ci d'un verre d'une seconde espèce et ainsi de suite; l'on fermait ensuite le creuset et on élevait sa température au rouge; le sulfate de fer ainsi chauffé donnait lieu à un dégagement d'acide sulfurique anhydre dont l'action sur les lames de verre, aidée par cette haute température, était très-intense. Les verres de bonne qualité supporteront plus facilement cette épreuve que ceux de qualité inférieure.

Sans parler de l'action de l'acide hydro-fluorique sur les verres, il existe encore une autre circonstance fort remarquable où ils sont pour la plupart complétement attaqués; c'est lorsqu'on les met en contact avec les alcalis, la potasse, par exemple; ceux qui pourraient résister à la température ordinaire ne le pourront certainement pas si on fait chauffer la dissolution. La raison de ce qui se passe ici n'est pas bien connue; mais ce n'en est pas moins un fait parfaitement constaté. En voici un échantillon qui, comme vous le voyez, est rempli d'une multitude de petites félures. En général, lorsque l'on traite les verres par les alcalis, ils sont tous plus ou moins attaqués; ces alcalis se combinent avec les élémens du verre et forment des silicates, ce qui constitue de nouveaux verres contenant une plus grande quantité de bases.

Je n'ai plus à vous dire que quelques mots sur les différentes bases qui servent à former le verre, et sur l'état dans lequel se trouvent ces bases lorsqu'on les emploie dans la fabrication.

Le verre peut en général, comme nous le savons, être composé de silice, de potasse, de soude ou de chaux et d'oxide de plomb.

Lorsque l'on veut obtenir du verre blanc, on emploie comme corps qui doit donner la silice un sable siliceux qui soit lui-même fort blanc ; si le verre est fabriqué à base de potasse ou de soude, l'on emploiera du carbonate de potasse ou du carbonate de soude. On doit à Gehlen d'avoir substitué la sulfate de soude au carbonate dans la fabrication. — Se basant sur ce que le carbonate de soude s'obtenait en exposant à une haute température le sulfate mêlé avec du charbon et de la craie, il pensa que ce mélange pourrait être employé dans la fabrication du verre ; l'expérience réussit, en effet, fort bien, quoique les choses ne se passassent point comme l'avait supposé Gehlen. Il ne se forme point de carbonate de soude ; le charbon transforme l'acide sulfurique du sulfate de soude en acide carbonique et acide sulfureux, en sorte qu'il y a formation de sulfite de soude aisément décomposé par la chaleur, et qui abandonne la base à la silice pour former un silicate de soude. La quantité de charbon à employer est donc ici fort importante ; elle devrait être de 0,042 ; mais comme une portion du charbon peut par la combustion passer à l'état d'oxide de carbone, il est bon d'en mettre une quantité plus considérable que celle indiquée par la théorie.

On pourrait également substituer l'usage du sulfate de potasse à celui du carbonate dans les verres à base de potasse.

La chaux, lorsqu'elle sera employée, le sera indifféremment à l'état de carbonate ou de chaux éteinte.

Quant à l'oxide de plomb, c'est toujours à l'état de minium qu'on l'emploiera. Le minium est un deutoxide de plomb; mais il ne faut pas croire que le cristal contienne le plomb à l'état de deutoxide; il y a décomposition dès le commencement de l'opération; le minium passe à l'état de protoxide, et une portion de l'oxigène se dégage. On peut alors demander pourquoi l'on fait usage du deutoxide. La raison en est que le carbonate de potasse du commerce contient une matière organique qui, comme toutes celles de ce genre, donnerait lieu à la réduction de l'oxide de plomb; le verre dans ce cas contiendrait du plomb à l'état métallique, colorerait le cristal et lui ferait perdre sa transparence. L'oxigène en excès sert alors à brûler cette matière organique et permet au plomb de se combiner à l'état d'oxide avec la silice.

On pourrait sans doute remédier à cet inconvénient en substituant l'azotate de potasse au carbonate; il serait alors permis d'employer le plomb à l'état de protoxide pur.

Il me reste à vous entretenir de la partie essentiellement chimique qui se rapporte à la fabrication du verre, et qui a pour objet leur coloration.

Nous distinguerons deux divisions principales dans les verres colorés. Dans la première, nous classerons ceux que l'on colore en introduisant dans la matière qui doit servir à les former, certains corps colorans; dans la seconde, seront ceux dont la coloration n'a été produite qu'après coup et reléside seulement à la surface. Nous nous occuperons d'abord des premiers comme se rattachant davantage au sujet que nous traitons.

Si vous voulez colorer les verres en bleu, vous vous servirez d'oxide de cobalt que vous réduirez en poudre et que vous porterez dans la masse en fusion, en ayant soin de bien remuer le tout; il serait même préférable de porter l'oxide avant d'opérer. Il faut avoir soin de n'employer que de très petites quantités de cobalt.

Le verre violet s'obtient au moyen de l'oxide de manganèse, en ayant bien soin qu'aucune circonstance ne produise la réduction de l'oxide, car alors la couleur violette disparaîtrait; on pourrait du reste la faire facilement reparaître en ajoutant de l'azotate de potasse.

Verre vert. Vous parviendrez à obtenir cette couleur en ajoutant à la masse une quantité convenable de bi-oxide de cuivre, elle est quelquefois très belle; mais ici, comme dans la coloration en violet par le manganèse, il faut éviter avec soin la présence de tout corps réductible, car alors le bi-oxide passerait à l'état de protoxide; ce serait alors une couleur rouge, une couleur pourpre même, que vous obtiendriez.

Le verre rouge exige un tour de main assez difficile et tout-à-fait singulier, ce qui a pu faire croire que les procédés au moyen desquels on l'obtient étaient perdus; il n'en est rien. Il est seulement arrivé que l'usage que l'on en faisait étant devenu presque nul, les verriers ont renoncé à sa fabrication.

On emploie, pour donner la couleur rouge au verre, du peroxide de fer mêlé à du sulfure de cuivre; le cuivre passe à l'état d'oxide, et il y a du gaz sulfureux dégagé : il arrive alors que la couleur est d'une intensité trop grande; pour remédier à cet inconvénient, si l'on ajoute du verre, il pourra arriver que la masse passe au vert : il y a donc de grandes précautions à prendre. En définitive, l'on arrive par une suite de tâtonnemens à avoir un verre rouge doublé de verre vert, ce qui diminue convenablement l'intensité de cette première couleur. Ce procédé était celui employé par les verriers anciens dont les traditions se sont conservées en Bohême. En France, c'est par un autre moyen que l'on communique au verre cette belle couleur rouge. On se sert du précipité pourpre de Cassius.

A côté des verres dont je viens de vous parler, vous voyez ici un échantillon de verre jaune. Rien de plus variable que cette couleur; les fabricans de la Bohême l'obtiennent au moyen de l'écorce du bouleau : c'est la fumée provenant de la combustion de cet écorce qui produit la couleur jaune. Ce n'est pas le seul moyen que l'on emploie. On forme une pâte avec un mélange d'argile et de chlorure d'argent, et on l'applique sur le verre; on met ensuite le tout dans une moufle pour produire un ramollissement. Le chlorure d'argent est alors décomposé; il se forme un silicate. On peut même par ce moyen produire des dessins jaunes sur des fonds d'autres couleurs, de manière que la pièce de verre paraisse coulée d'un seul jet. Pour cela on rouge au moyen de l'acide fluorique la portion colorée que l'on veut échanger, et l'on obtient un verre blanc sur lequel on applique le mélange d'argile et de chlorure d'argent dont nous avons parlé.

Lorsque l'on veut obtenir des verres peints, il y a alors un grand nombre de procédés suivant les dispositions que l'on v ut donner au dessin. En général, lorsque l'on veut peindre sur verre, on commence par découper les verres fournis par le verrier de manière à présenter le dessin que l'on veut produire; on le couvre ensuite de la couleur que l'on veut obtenir, mêlée à un verre plus fusible que le premier, et l'on expose à une température capable de fondre le verre coloré sans altérer l'autre. Le verre fusible sert ici de véhicule à la couleur.

J'ajouterai, pour terminer, quelques mots sur la matière colorante qui sert à donner au verre cette magnifique couleur rose, si estimée des anciens, et à laquelle ils donnaient le nom d'*escarboucle* : les procédés dont on se sert sont ignorés en France; ils ne sont connus qu'en Bohême, où toutes ces anciennes traditions se sont parfaitement conservées. On se sert encore, dans ce cas, d'un composé d'or, d'un sulfure d'or. Dans l'opération, le soufre se sépare de l'or qui se divise dans la masse; mais alors le verre que l'on obtient contient des sulfures de sodium et de potassium.

Le *Magnésium*, sur lequel nous glisserons rapidement, ne joue pas par lui-même un rôle fort essentiel ; mais il y a certaines de ses combinaisons qui méritent d'être étudiées avec quelque attention.

Sa présence a d'abord été reconnue dans certaines terres qui renferment la magnésie à l'état de sulfate. Ce sel se distingue des autres sulfates terreux, en ce qu'il est assez soluble dans l'eau froide et beaucoup plus dans l'eau bouillante. Il se précipite de la dissolution concentrée en cristaux d'une très grande pureté ; leur forme est celle de prismes à quatre pans terminés par des pyramides à quatre faces. Ces cristaux se trouvent quelquefois d'un volume très considérable, on peut en voir de quinze ou vingt livres.

Il contient la moitié environ de son poids d'eau de cristallisation, et, si on l'expose à l'air, il s'effleurit. Si l'on élève la température, on comprendra facilement qu'il doive éprouver la fusion aqueuse, et c'est en effet ce qui a lieu ; mais il n'éprouve ensuite aucune altération ; il faut une température extrêmement élevée pour laisser apercevoir quelques traces de décomposition.

Si l'on verse une dissolution de potasse ou de soude sur un sel de magnésie, cette base se précipite à l'etat d'hydrate, et la potasse ou la soude se substitue à la magnésie pour faire un sulfate de potasse ou de soude ; mais si l'on emploie une dissolution de carbonate, la précipitation ne sera pas complète ; ce sera un carbonate de magnésie avec excès de base.

Si vous prenez une dissolution ammoniacale et que vous la versiez en petite quantité sur un sel de magnésie, il y aura précipitation ; mais si vous augmentez la dose, le précipité disparaît; la liqueur devient transparente, et il s'est formé un sel d'ammoniaque et de magnésie, dont il vous sera facile de constater la présence.

Parmi les sels magnésiens, il en est un que l'on rencontre dans des circonstances assez remarquables; on le reconnaît dans les plantes, dans les calculs intestinaux de l'homme et des animaux.

C'est la formation de ce dernier sel qui sert à dénoter dans les analyses la présence de la magnésie: on ajoute à la dissolution du sel de magnésie du phosphate d'ammoniaque basique; il se formera un précipité qui ne sera autre chose qu'un phosphate double insoluble d'ammoniaque et de magnésie.

Il y a deux moyens d'obtenir le sulfate de magnésie dont on fait usage dans le commerce. Le premier consiste à calciner la *dolomie* qui se rencontre fréquemment dans la nature et qui est un carbonate de chaux et de magnésie: par la calcination l'acide carbonique est dégagé, il ne reste que la chaux et la magnésie: traitant ensuite par l'acide sulfurique, il se forme deux sulfates dont l'un est soluble et l'autre insoluble, et qu'il sera par conséquent facile de séparer. Le second procédé est celui que l'on emploie en Italie dans les environs de Gênes. Il consiste à exposer pendant long-temps à l'air un mélange de sulfure de fer naturel et de terre renfermant de la magnésie; ce contact prolongé avec l'humidité de l'air augmentée encore par des arrosages assez fréquens, transformera le fer en oxide de ce métal et le soufre en acide sulfurique qui se portera sur la magnésie : il y a donc sulfate de magnésie formé et mêlé à du fer à l'état d'oxide, et en outre une petite quantité de sulfate de fer. Pour séparer ce dernier on ajoute de l'eau de chaux ; il se forme un sulfate de chaux, et l'oxide de fer est précipité, on tire la liqueur à clair et l'on fait cristalliser. L'opération peut durer de six mois à un an suivant les terres employées et l'état atmosphérique.

Si l'on décompose le sulfate de magnésie par le carbonate de potasse, on obtient le carbonate de magnésie du commerce ; il est très léger, insoluble ; il est employé en médecine contre les aigreurs. Ce sel n'est point un carbonate neutre ; il contient quatre atômes de magnésie, trois atômes d'acide carbonique, et quatre atômes d'eau ; c'est donc un sous-carbonate qui, combiné avec l'eau, donne un véritable hydrate. Exposé à l'air il s'effleurit. Si on le soumet à une température convenable il est décomposé ; l'eau et l'acide carbonique sont dégagés et l'on obtient la magnésie caustique qui est à peine soluble.

Si dans un tube de porcelaine vous mettez de la magnésie et une petite quantité de charbon, si vous élevez la température au rouge, vous formez le chlorure de magnésium, et il y a dégagement d'oxide de carbone.

Si l'on chauffe le chlorure de magnésium avec de l'eau, elle est décomposée ; l'hydrogène se porte sur le chlore pour former de l'acide hydrochlorique qui se dégage ; l'oxigène se porte sur le magnésium pour former de la magnésie qui se précipite. C'est pour cette raison que dans la distillation que l'on peut avoir à faire de l'eau de mer, il ne faut pas aller trop loin, car alors la liqueur devient acide ; il faut perdre environ un quart de la dissolution, sans quoi l'eau ne serait pas potable.

Enfin, à une température élevée, le potassium s'empare du chlore, du chlorure de magnésium pour former un chlorure de potassium et le magnésium est mis à nu.

Vous voyez que ce n'est qu'après avoir considéré d'abord les différentes combinaisons du magnésium que nous sommes arrivés à en parler comme corps métallique. Cette méthode est sans doute inverse de celle que l'on suit habituellement; mais tel est l'ordre des découvertes successives, et nous avons cru devoir le suivre de préférence à un autre qui n'est plus logique qu'en apparence.

Tous les caractères que je viens de mettre sous vos yeux, vous allez les voir reproduits dans un corps d'une haute importance à cause de ses différentes combinaisons : c'est l'aluminium.

Lorsque vous avez l'*alumine* ou oxide d'aluminium pure, elle est tout-à-fait insoluble. Elle est blanche, sans saveur, sans odeur. Elle se rapproche des oxides qui jouent le rôle de bases très faibles. Le chlorure d'aluminium s'obtient exactement par le même procédé que le chlorure de magnésium : en faisant passer à travers un tube de porcelaine chauffé au rouge, un courant de chlore sur de l'alumine à laquelle on ajoute une petite quantité de charbon ; le chlore se porte sur l'aluminium, dont l'oxigène forme de l'oxide de carbone avec le charbon. La séparation se fait ici plus facilement parce que le chlorure d'aluminium est volatil tandis que celui de magnésium ne l'est point.

Lorsque le chlorure d'aluminium est pur, il est naturellement blanc, il se volatilise à une température assez basse, soluble dans l'eau ; si l'on évapore à sec la dissolution, la décomposition est prompte ; il se forme d'une part de l'acide hydrochlorique qui se dégage, et de l'autre, de l'alumine qui reste.

Si l'on traite le chlorure d'aluminium par le potassium à une haute température, on obtient l'aluminium.

Mais ce produit n'est que curieux : ce n'est point là ce qui doit nous intéresser dans l'étude des corps C'est à l'état d'oxide qu'il présente des propriétés dont on fait un grand usage dans les arts.

Cet oxide combiné avec l'acide sulfurique entre comme partie constituante dans *l'alun* du commerce.

L'alun n'est autre chose que ce qui était autrefois connu des anciens sous le nom d'*alumen*. Ils l'obtenaient fort simplement en traitant par l'eau des terres où l'alun existe tout formé ; on trouve de pareilles terres en Italie, dans les environs de Naples et en France dans l'Auvergne ; ce qui est dû sans doute à la nature volcanique du sol de ces pays.

Ce n'était point ainsi qu'était obtenu l'alun de Syrie, seul pays qui, pendant long-temps, fut en possession de fournir au commerce tout l'alun dont il avait besoin. On le fabrique dans ces pays au moyen de la calcination d'un certain minerai d'une couleur jaunâtre qui contient de l'acide sulfurique, de la potasse, de l'alumine et de l'eau; or, l'alun est un sulfate double de potasse et d'alumine combiné avec une certaine proportion d'eau; nous avons donc dans cette terrre naturelle tous les élémens de l'alun; il y existe seulement une trop grande quantité d'alumine qu'il faut faire disparaître.

On traite alors la pierre par la calcination; mais il y a ici plusieurs précautions à prendre; il faut avoir soin que l'élévation de température qui a pour but de faire perdre l'eau au minerai, ne soit pas asssez grande pour décomposer le sulfate d'alumine; cette température devra donc être très modérée; or, c'est ce qu'il est impossible d'obtenir dans la manière dont se fait habituellement le grillage. Elle consiste à former des tas sous lesquels on met le feu comme dans les fours à plâtre; alors les mêmes inconvéniens se présentent; il y aura des morceaux à la surface supérieure qui n'auront point été calcinés, tandis que la partie inférieure aura éprouvé une décomposition partielle; il n'y aura réellement que la partie moyenne qui aura éprouvé une température convenable; on remédierait à ces inconvéniens en calcinant dans des fours à réverbères.

Quoiqu'il en soit du reste de la manière dont cette opération aura été faite, lorsque le grillage est consommé on fait des tas pyramidaux de la pierre et l'on arrose; au bout de deux ou trois mois on lessive; l'alun a été mis en évidence et se dissout; les matières insolubles se précipitent. Au moyen de lavages successifs, on finira par obtenir l'alun parfaitement pur.

Un voyageur génois qui revenait de Syrie fut frappé de la grande quantité de houx qui couvrait les environs de la Tolfa; il se souvint que cet arbre existait en abondance en Syrie, là où était le minerai qui servait à extraire l'alun, il fut ainsi conduit à en rechercher l'existence dans les lieux où il se trouvait; ses recherches furent couronnées de succès, et l'on retire actuellement une grande quantité d'alun des environs de Rome et de Piombino.

Nous ne possédons point en France un minerai semblable à celui de la Tolfa, ou du moins il se trouve dans des localités tellement inabordables, qu'il faut renoncer à ce moyen pour obtenir l'alun.

Il y a un procédé fort simple et que vous pourrez voir employé aux environs de Beauvais. Il consiste à obtenir le sulfate d'alumine séparément et à y ajouter ensuite du sulfate de potasse.

Pour obtenir le sulfate d'alumine, on emploie des schistes pyriteux qui sont un composé d'alumine et de sulfure de fer; on forme un lit de fagots qui peut avoir sept ou huit pieds de large sur cent pieds de long et l'on recouvre d'une couche de schistes d'une épaisseur de deux pieds environ; on met le feu et l'on forme ensuite une nouvelle couche semblable, et ainsi de suite au nombre de sept à huit. L'opération est fort longue; lorsqu'elle est terminée on a un sulfate double de fer et d'alumine qu'il s'agit de séparer. On se fonde pour cela sur ce que le sulfate de fer est cristallisable, tandis que celui d'alumine ne l'est pas. Par des lavages et des cristallisations successives, on séparera presqu'entièrement le sulfate de protoxide de fer, et l'on obtiendra une masse de sulfate d'alumine. Il pourra en outre se former par la présence du carbonate de potasse provenu de la combustion des fagots, une quantité plus ou moins grande de sulfate double d'alumine et de potasse ou d'alun, que l'on séparera et que l'on fera cristalliser pour le livrer au commerce.

Lorsque l'on a ainsi obtenu le sulfate d'alumine, il faut le mêler au sulfate de potasse pour obtenir l'alun. Mais l'usage de la soude s'est tellement substitué à celui de la potasse, qu'il est très-difficile actuellement dans le commerce de se procurer le sulfate de potasse; et c'est à ce point même que les fabricans d'alun sont forcés, pour obtenir celui dont ils ont besoin, de traiter directement le carbonate de potasse par l'acide sulfurique.

Enfin M. Chaptal, alors professeur de chimie à Montpellier, réfléchissant à la composition de l'alun, pensa qu'il était possible d'en former artificiellement, en obtenant directement le sulfate d'alumine, au moyen de l'alumine et de l'acide sulfurique. Pour cela, on prend des argiles qui contiennent le moins possible de matières étrangères, telles que du fer et de la chaux; on calcine afin de rendre la matière facile à réduire en poudre; cette poudre est alors mise dans des chaudières de plomb et traitée par l'acide sulfurique étendu. Lorsque l'on aura obtenu ce sulfate d'alumine, on le traitera comme précédemment par le sulfate de potasse pour obtenir l'alun.

Il y a donc trois manières différentes de fabriquer l'alun.

1° En l'extrayant d'un minerai particulier qui existe dans certaines localités, et où il se trouve tout formé;

2° En traitant les schistes pyriteux par la calcination, pour en obtenir le sulfate d'alumine que l'on combine ensuite avec le sulfate de potasse;

3° Enfin, en formant directement le sulfate d'alumine, au moyen de l'alumine et de l'acide sulfurique, et y ajoutant ensuite du sulfate de potasse.

CINQUIÈME LEÇON.

25 avril 1836.

Dans la dernière leçon nous avons donné la préparation succincte d'un corps d'un usage très fréquent dans les arts, de l'alun.

Nous avons dit que l'alun était un sulfate double d'alumine et de potasse. Mais il n'y a pas que ces sulfates qui puissent donner lieu à la formation d'un sel double. Si vous substituez de l'ammoniaque, de la soude, vous obtenez des aluns à base d'ammoniaque et de soude.

La constitution de l'alun est bien simple et ne laissera rien d'indécis dans votre esprit. Il y a trois fois plus d'oxigène dans l'alumine que dans la potasse; en outre, le sel contient vingt-quatre parties d'eau.

Substituez maintenant à l'alumine et à la potasse telles bases que vous voudrez, pourvu que l'une d'elles renferme trois atômes d'oxigène, tandis que la seconde n'en renfermera qu'un, vous êtes certains d'obtenir un sulfate double de ces deux bases, qui présentera les mêmes propriétés que l'alun et qui affectera la même forme de cristallisation. Dans ce cas, toujours l'un des deux sels joue le rôle d'acide, tandis que l'autre joue le rôle de base.

Nous ne parlerons que du sulfate de potasse et d'alumine, et c'est à cet alun que nous rapporterons les propriétés que nous allons décrire.

Lorsque l'alun est bien pur, il est parfaitement incolore; exposé à l'air, il ne perd qu'une très petite portion de son eau de cristallisation; il cristallise en octaèdres; mais il arrive aussi, et nous en verrons plus tard la raison, qu'il se présente sous forme de cristaux cubiques. Il exige quinze parties d'eau pour se dissoudre à froid, et seulement les trois-quarts de son poids à la température de cent degrés; l'on conçoit alors l'abondance des cristaux qui doivent se former, lorsqu'on laisse refroidir une dissolution aussi concentrée; c'est même sur cette solubilité extrême qu'est fondé le procédé de cristallisation; on laisse couler la liqueur dans des barriques en forme de cône qui sont faciles à démonter; elle se prend alors en masse cristallisée et est versée dans le commerce. A une température un peu élevée, il doit éprouver la fusion aqueuse; aussi, lorsqu'on met dans le fourneau un creuset qui en contient, on voit la masse s'élever peu-à-peu, se boursoufler et devenir opaque. Il est facile de concevoir ce qui se passe. L'eau réduite en vapeur soulève une portion de l'alun qui, par son contact avec la surface plus froide de l'athmosphère, forme une espèce de croûte; la vapeur d'eau perce cette croûte et lui donne l'apparence poreuse que l'on remarque; c'est ce que l'on appelle alun calciné. Il est employé en médecine pour ronger les chairs. Dans ces derniers temps on l'a employé dans le traitement du croup, en fesant respirer au malade un air qui en contenait en suspension. Il agit comme excitant et comme légèrement caustique ; il produit une irritation sur les parties malades en absorbant l'humidité. Cette irritation se trouve en outre augmentée parce qu'il est légèrement acide. Enfin, si l'on porte la température au rouge, le sulfate d'alumine est si peu stable, l'alumine est une base si faible, que l'acide sulfurique se dégage à l'état d'oxigène et d'acide sulfureux ; l'alumine se mêle alors au sulfate de potasse qui reste; si vous continuez à élever la température, le sulfate de potasse sera lui-même décomposé; l'acide sulfurique s'en ira, et l'alumine se portera sur la potasse, pour former un aluminate de potasse, quoiqu'en général le sulfate de potasse isolé soit indécomposable par la chaleur. Tous ces phénomènes sont du reste si faciles à suivre, que je n'insisterai pas davantage.

Si l'on soumet à une haute température l'alun avec un corps réductible, l'hydrogène, par exemple, les sulfates sont réduits, et il y a sulfure de potassium mêlé à de l'alumine. Si vous mêlez du charbon avec l'alun, la même réduction aura lieu. Le produit obtenu jouit alors de la propriété remarquable de s'enflammer à l'air; il constitue le pyrophore de Homberg, du nom de ce chimiste, qui l'obtint en cherchant à retirer une huile des matières fécales. Pour produire le charbon qui doit être très divisé, on se sert habituellement d'une matière organique comme la farine. On calcine le mélange dans un matras, après l'avoir préalablement fait sécher, sans quoi l'on déterminerait la rupture du vase. On obtient ainsi une masse que l'on réduit en poudre et que l'on introduit dans un nouveau matras bien luté que l'on soumet de nouveau à la température rouge. L'alun se décompose: le sulfate d'alumine est réduit entièrement et le sulfate de potasse passe à l'état de sulfure de potassium, mêlé à de l'alumine; c'est ce produit qui exposé à l'air s'enflamme presque à l'instant. Pour que l'inflammation ait lieu, il faut qu'il y ait de l'humidité; on activera donc le phénomène en versant de l'haleine sur le pyrophore. Vous remarquerez que dans cette combustion il y a toujours du gaz sulfureux produit, qu'il reste du sulfate de potasse, de l'alumine et de l'acide carbonique, ce qui indique dans le pyrophore la présence d'un polysulfure de potassium.

Si vous prenez de l'alun du commerce à base de potasse, et si vous y versez de l'ammoniaque en excès, l'alumine est précipitée et vous obtenez un sulfate double de potasse et d'ammoniaque ; mais si vous ne mettez qu'une petite quantité d'ammoniaque, le précipité que l'on obtiendra sera un sous-sulfate d'alumine. Il existe deux sortes différentes d'alun ; l'un cristallisé en octaèdres et l'autre en cubes. Le premier est bien moins estimé que le second dans l'art de la teinture ; on trouve en effet que les couleurs obtenues avec celui-ci sont parfaitement belles, tandis qu'avec le second elles sont sensiblement plus ternes. Cette différence est due à ce que l'alun octaédrique contient du fer, tandis que l'alun cubique n'en contient point. Mais cette différence dans la cristallisation des deux aluns est-elle due à la présence du fer?

Si l'on prend de l'alun de Rome qui était le plus estimé et qu'on le fasse cristalliser à froid, on obtient des cubes; si, au contraire, on fait cristalliser à chaud, les cristaux seront des octaèdres, et il y aura précipitation d'un sous-sulfate d'alumine, en sorte que si maintenant vous ajoutez à froid un excès de base à l'alun octaédrique, vous obtiendrez l'alun cubique; et si à l'alun cubique vous ajoutez de l'acide en élevant la température, vous avez l'alun octaédrique ordinaire du commerce. Si maintenant l'on considère que les fabriques où se faisait l'alun de Rome étaient mal construites et qu'il se perdait une grande quantité de chaleur, on comprendra facilement pourquoi cet alun se présentait sous forme cubique; il arriva, lors de l'occupation de l'Italie par les troupes françaises, que des modifications avantageuses dans la construction des fourneaux ayant eu lieu dans les fabriques d'alun de Rome, cet alun se précipitait sous forme d'octaèdres. C'est M. d'Arcet qui le premier a fait voir que la différence de cristallisation était due à la différence entre les températures auxquelles on faisait cristalliser. Ce n'était donc pas à la présence du fer qu'était due cette variété dans la forme, et l'on obtient maintenant des aluns parfaitement purs cristallisés en octaèdres.

Parmi les usages auxquels l'alun est employé, ceux qui se rapportent à l'art du teinturier mériteraient sans doute d'attirer votre attention; mais ils sont liés à la connaissance des matières colorantes, et nous en parlerons dans la chimie organique. Il vous suffira de savoir ici que l'alun a pour but, par l'alumine qu'il contient, de fixer les couleurs sur les étoffes de manière à rendre ces couleurs insolubles; c'est ce qui a fait ranger, dans l'art de la teinture, l'alun dans la classe des *mordans*.

Lorsque l'on s'est procuré l'alun, il est alors facile d'obtenir toutes les préparations d'alumine; je ne m'étendrai pas sur ces préparations; je vous rappellerai seulement qu'en traitant l'alun par l'ammoniaque, il se forme un sulfate double de potasse et d'ammoniaque, et l'alumine est précipitée. On peut encore l'obtenir plus facilement en élevant l'alun à base d'ammoniaque à une très haute température, en le calcinant. Il est vrai que dans le premier cas l'alumine se trouve dans un état de division extrêmement favorable à la formation des différentes combinaisons que l'on veut obtenir, et que si au contraire on se sert de l'alumine obtenue par la calcination, ce ne sera qu'avec une grande difficulté que ces combinaisons pourront être formées. Il y a plus, les acides les plus faibles dissolvent l'alumine gélatineuse, tandis que les plus forts n'altèrent point l'alumine calcinée. Il existe dans la nature des alumines naturelles d'une dureté que l'on ne saurait comparer qu'à celle du diamant. Il existe des alumines cristallisées, parfaitement pures, et qui ne pourront être attaquées que par la potasse caustique et à la température rouge;

il se forme dans l'opération un aluminate de potasse.

L'alumine jouit de la propriété de pouvoir s'unir à certains oxides colorans, de manière à donner naissance à des produits diversement colorés.

Si on la calcine avec de l'oxide de cobalt, on a une belle couleur bleue qui servira même à faire distinguer l'alumine. Si on substitue à l'oxide de cobalt du phosphate et de l'arséniate, on obtient alors le bleu Thénard, dont la découverte est due à M. Thénard, et qui dans certaines circonstances remplace le bleu d'outremer dont nous allons parler.

L'outremer qui donne une couleur bleue si riche, s'extrait avec une grande difficulté du lapis-lazuli; il faut pulvériser cette pierre et la mêler avec un mastic formé de poix et de térébenthine; on lave ensuite plusieurs fois avec une eau légèrement alcaline pour faire disparaître ce mastic; les parties les moins riches en couleur sont employées sous le nom de cendres d'outremer pour obtenir des tons bleus moins éclatans. Cette couleur était autrefois fort employée par les peintres à cause de la richesse de ses effets; mais cet éclat même qui ne s'est point altéré avec le temps dans les anciens tableaux, forme avec les autres couleurs qui ont diminué d'intensité, un effet désagréable. C'était toujours autrefois, comme nous l'avons indiqué, au moyen du lapis - lazuli que l'on obtenait tout l'outremer dont on faisait usage, il était par conséquent fort cher.

Mais les recherches analytiques de MM. Clément et Désormes sur ce corps et une circonstance tout-à-fait fortuite, ont fait découvrir le moyen de fabriquer directement cette couleur. En démolissant un four à brique, l'on s'aperçut qu'il existait çà et là des couches fort minces d'une magnifique couleur bleue qui n'était autre chose que de l'outremer. Il y a en effetdans la brique de la silice et de l'alumine, tandis que la calcination du sulfate de soude donnait naissance à du sulfure de sodium; or, la silice, l'alumine, le soufre et le sodium sont les élémens donnés par l'analyse de MM. Clément et Désorm e

M. Guinet, en s'appuyant de ces résultats, est parvenu à fabriquer de l'outremer à un prix relativement fort bas; son procédé n'est point connu; mais il est facile maintenant de concevoir comment il a pu ère dirigé, et quelle est à peu près la méthode à suivre dans cette fabrication.

Nous passons à une combinaison alumineuse d'un grand intérêt par l'usage journalier que l'on en fait, je veux parler des argiles et des poteries qu'elles servent à former.

L'argile est toujours un mélange de silice et d'alumine en proportions très variables : elle peut en outre contenir des matières étrangères, qui servent à modifier sa couleur et certaines de ses propriétés.

En général, les argiles sont susceptibles d'absorber l'eau, de former avec elle une pâte liante, onctueuse, qui peut s'étendre sans se rompre; si vous abandonnez cette pâte à elle-même, elle perd une partie de son eau, diminue de volume et se fend; si actuellement vous élevez la température et que vous examiniez la matière, vous verrez qu'elle continue à perdre de l'eau et à diminuer, cette action se continuera avec l'élévation de température sans que vous puissiez lui assigner de limite ; c'est sur cette propriété de l'argile, connue sous le nom de *retrait*, qu'est fondée la construction du pyromètre de Weedgwood. Ce pyromètre est formé d'un petit cylindre d'argile qui peut glisser dans une rainure formée de deux règles non parallèles; pour essayer la température d'un foyer, on y place le cylindre d'argile, qui éprouve alors un retrait plus ou moins grand qui se constate par la division plus ou moins avancée jusqu'à laquelle il peut parvenir entre les deux rainures. Au reste, cet instrement est peu employé, et n'a qu'un intérêt historique. Ce qu'il importe de connaître, c'est cette propriété fondamentale de l'argile de diminuer de volume dans des proportions souvent très considérables, et qui est due à la présence de l'alumine. Un litre d'alumine hydratée exposée à la chaleur peut se réduire à un millième de son volume primitif. Ces variations de volume sont différentes avec les différentes argiles que l'on emploie.

Il y a dans les argiles une propriété plus essentiellement chimique que celle dont nous venons de parler; c'est que lorsqu'elle ne contient que de la silice et de l'alumine parfaitement pures, elle serait toujours blanche et ne saurait éprouver de fusion, quelle que soit la température à laquelle on la soumette. Mais jamais on ne peut obtenir d'argile aussi parfaite : elle contient presque toujours du fer qui la colore et qui détermine sa fusibilité, ou de la chaux qui sans la colorer lui permet de fondre. De là nous sommes conduits à diviser les argiles en plusieurs classes : argiles réfractaires, argiles fusibles, argiles colorées, argiles incolores; ces caractères se trouvent plus ou moins prononcés, de là cette variété si grande dans les argiles que l'on rencontre. Ces divisions une fois admises, il est facile de se rendre compte de la nature des matières employées dans les poteries, suivant les usages auxquels on les destine.

Nous distinguerons deux parties différentes dans les poteries, la pâte et le vernis; ces deux élémens diffèrent entre eux par le degré de leur fusibilité.

De toutes les poteries que l'on peut rencontrer, les plus simples sans contredit sont les briques.

Elles ne sont pas les mêmes partout; dans certains lieux on se contente de les exposer au soleil pendant un temps plus ou moins long pour leur donner de la dureté; les constructions que l'on a retrouvées à Babylone sont faites en briques de cette sorte, dans la pâte desquelles on a mis de la paille hachée. Dans certaines parties de la France, cette espèce particulière de construction est employée; elle est connue sous le nom de *pisé*.

Les briques se divisent en plusieurs variétés suivant les usages auxquels on les destine : en première ligne, nous parlerons de celles qui sont employées dans les arts où le feu est le principal agent; comme dans les fabriques de soude, les verreries, etc., etc. Les briques ne doivent point alors contenir d'élémens fusibles et le choix de l'argile qui doit les former est de la plus haute importance. Les verriers fabriquent eux-mêmes les briques nécessaires pour leurs fourneaux ; ils se servent d'argile très pure, aussi leurs briques ne sont-elles que fort peu colorées. Il n'est pas indispensable de les cuire lorsque l'on veut les employer sur le lieu même où elles ont été faites ; la première chauffe dans la fabrication atteint ce but. Mais lorsque l'on veut les conserver et les transporter, cette cuisson est nécessaire pour ne pas émousser les angles et les arêtes. Je n'ajouterai qu'un mot sur la fabrication de la brique réfractaire. Lorsque, pour l'obtenir, on emploie certaines argiles, comme celles de Forges, il faut lui faire subir une préparation préalable, sans laquelle, exposée au feu, elle se fendrait, se briserait en morceaux : il s'agit alors d'empêcher ou du moins de diminuer le retrait ; le meilleur moyen consiste à mêler à l'argile crue de la même argile cuite et réduite en poudre, en prenant un tiers d'argile cuite et deux tiers d'argile crue, on forme une pâte éminemment favorable pour la construction des briques infusibles.

Lorsque l'on veut former des briques qui remplacent la pierre dans la construction, on est bien moins gêné pour la qualité de l'argile. En Angleterre, en Flandres, cette fabrication se fait sur une échelle dont nous nous faisons difficilement une idée. Un bon ouvrier flamand peut mouler de sept à huit mille briques par jour. Lorsqu'il y en a un assez grand nombre de moulées, on procède à la cuisson. Pour cela on forme une aire avec des briques cuites, entre lesquelles on laisse un espace nécessaire pour y mettre du bois ; on fait successivement des lits de charbon de terre et de briques crues ;

à mesure que l'ouvrier sent la chaleur pénétrer sous ses pieds, il fait un nouveau lit de houille et de briques crues. L'on forme ainsi des fourneaux qui peuvent contenir quatre cent mille briques. La cuisson peut durer vingt-cinq jours. A Paris, la facilité extrême que l'on a d'obtenir les pierres nécessaires à la construction, n'engage point à opérer la fabrication des briques sur un aussi grand modèle.

En employant certaines terres dans la fabrication des briques, on en obtient qui sont extrêmement légères, au point même de pouvoir flotter sur l'eau. Il serait avantageux d'employer cette espèce de briques dans certaines parties de la construction, comme les cloisons de distribution; elles chargeraient beaucoup moins les planchers et auraient en outre l'avantage d'être beaucoup moins sonores.

Lorsque les briques ordinaires, qui contiennent habituellement de l'oxide de fer, sont exposées à une haute température, elles éprouvent un commencement de vitrification; le peroxide devient protoxide et le produit peut alors devenir fusible. C'est cette demi vitrification qui a certainement donné naissance à l'emploi des vernis.

Immédiatement aprés les briques qui sont évidemment le premier échelon dans l'art du potier, viennent les poteries communes. Elles ont la même composition que les briques, et on leur donne toutes les formes possibles, suivant l'usage auquel elles doivent servir. Vous voyez que lorsqu'on les brise, l'intérieur présente une couleur rouge semblable à celle de la brique. Quant à la couche de vernis que vous apercevez à la surface, elle est formée d'oxide de plomb. Mais les fabricans de cette poterie commune ne se donnent même pas la peine d'obtenir préalablement le plomb à l'état d'oxide ; ils se servent de sulfure de plomb, il y a alors formation d'un silicate double de plomb et d'alumine. Outre la grossièreté de ces poteries que leur bas prix seul peut faire consommer, il y a des inconvéniens réels : la quantité de plomb vraiment effrayante qui s'y trouve, donne lieu dans certains usages à la formation de sels de plomb qui peuvent être fort nuisibles. Si le vernis a une teinte verte, cette couleur est due à l'oxide de cuivre que renferme habituellement le sulfure de plomb ; si ce dernier corps ne renfermait point assez d'oxide de cuivre on en ajouterait. Lorsque l'on veut obtenir la couleur brune que vous rencontrez souvent dans ces espèces de poteries, on ajoute de l'oxide de fer ou de l'oxide de manganèse. Enfin, les potiers se servent encore pour cette fabrication de moyens plus simples et plus économiques, qui consistent à saupoudrer l'argile façonnée avec le corps qui doit former la couverte ou vernis.

Si vous voulez obtenir des poteries plus avantageuses que celles dont nous venons de parler, vous emploierez comme précédemment une argile colorée par l'oxide de fer ; mais pour cacher cette apparence rougeâtre, vous la recouvrirez d'un vernis blanc formé d'acide stannique. Cette poterie connue sous le nom *fayence*, n'a point les qualités nuisibles de la première : elle n'est que laide.

Ce reproche, vous ne l'appliquerez certainement pas à la *poterie anglaise* ou *terre de pipe*. La différence essentielle entre cette poterie et les précédentes, c'est qu'elle est exempte d'oxide de fer; elle est parfaitement blanche, ce qui permet de la recouvrir d'un vernis transparent.

La terre que l'on emploie contient de la chaux qui rend l'argile fusible, en sorte que la température à laquelle le vernis sera appliqué ne doit pas être très élevée; il arrive alors que les fabricans ajoutent une dose plus forte de plomb, ce qui rend ces poteries facilement attaquables par les acides. En outre, les corps durs, comme le fer, l'acier, rayent la couverte et mêlent aux alimens des sels de plomb; lorsque l'intérieur du vase est ainsi mis à nu, les graisses s'infiltrent dans cette terre poreuse et produisent entre les deux surfaces des taches qu'il est impossible de faire disparaître; elles contractent alors une apparence sale et un goût désagréable.

La fabrication de ces fayences a reçu dans ces derniers temps une modification avantageuse. La pâte est blanche comme dans la *terre de pipe*, mais le vernis que l'on applique est opaque : il s'obtient au moyen du phosphate de chaux des os dans lequel on introduit du borax pour le rendre fusible. Ces poteries ont tous les avantages de la terre de pipe, elles peuvent se façonner fort régulièrement et elles n'en ont point les inconvéniens. Par leurs qualités et le prix modéré qu'elles coûtent, elles sont certainement les plus convenables aux usages domestiques.

Ces poteries sont connues sous le nom de porcelaine opaque, mais nous allons voir que la dénomination de porcelaine est improprement appliquée à cette espèce de produits.

En effet, la porcelaine a un caractère propre : elle n'est point poreuse, ce qui est dû à une demi vitrification; elle n'a d'analogue que dans les poteries connues sous le nom de grés, dont elle diffère cependant sous d'autres rapports; tous deux sont extrêmement durs et susceptibles de faire feu au briquet, ce qui est encore un caractère qui les isole de toutes les autres poteries.

La pâte de la porcelaine est composée de silice, d'alumine et d'une certaine quantité de potasse; le vernis est composé de la même manière, on y ajoute seulement une nouvelle dose de potasse pour augmenter sa fusibilité.

La pâte du grés est composée de silice d'alumine et de chaux ; l'apparence jaunâtre qu'on lui connait est due à de l'oxide de fer. On conçoit qu'en ajoutant à la porcelaine une certaine quantité de chaux et diminuant la quantité d'oxide de fer que le grés contient, on pourra obtenir des pâtes qui différeront fort peu ; c'est donc dans les circonstances extrêmes que ces deux corps devront être pris.

Si l'on essaie de fabriquer une porcelaine translucide et qu'on lui applique un vernis à base d'oxide de plomb, on aura la *porcelaine tendre* que

Réaumur avait inventée pour substituer à la porcelaine de Chine, dont on ne connaissait point alors la composition. Tels sont en France les caractères généraux de la fabrication des poteries; mais en Angleterre, Weedgwood, célèbre potier, pour suppléer à l'absence de certaines terres que nous possédons seuls, a combiné de différentes manières les élémens qu'il avait à sa disposition ; ce ne sont point alors des terres naturelles que l'on emploie, mais bien de véritables mélanges chimiques que l'on peut varier à l'infini, et qui ne permettent pas de classer avec précision les différens produits que l'on obtient.

Dans la prochaine leçon nous reprendrons l'ordre dont nous avons été forcé de nous écarter un peu et nous parlerons du fer et de son exploitation.

SIXIÈME LEÇON.

28 avril 1836.

MANGANÈSE.

Parmi les substances minérales, dont la connaissance est fort ancienne, il faut ranger le peroxide de manganèse. Il est connu depuis fort long-temps sous le nom de savon des verriers, et son usage fréquent était fondé sur les remarques suivantes : l'on sait que la plupart du temps les verres contiennent à l'état de deutoxide du fer qui produit leur coloration ; cet inconvénient n'aurait pas lieu si le fer se trouvait à l'état de peroxide ; d'un autre côté, le peroxide de manganèse produit dans le verre une couleur violette, qui ne s'y trouve point si le manganèse est à l'état de protoxide ; si l'on mêle ensemble les deux verres, et qu'on les soumette à la fusion, le peroxide de manganèse cédera une portion de son oxigène au deutoxide de fer, qui passera à l'état de peroxide, tandis que le manganèse à son tour devenant protoxide, le verre obtenu devient blanc. Telles sont les circonstances auxquelles les verriers devaient l'emploi qu'ils faisaient, sans connaître sa nature, du peroxide de manganèse. Ce fut Schéele et les chimistes de cette époque qui décrivirent ce corps et déterminèrent sa nature.

Le manganèse, sinon par lui-même, du moins par les combinaisons auxquelles il donne lieu, jouit de propriétés fort remarquables. De tous les métaux, c'est celui qui possède les oxides les plus nombreux ; nous en parlerons tout à l'heure.

Pour obtenir le manganèse métallique, on prend un oxide quelconque de ce métal que l'on mêle avec un volume égal de charbon réduit en poudre, ou mieux à l'état de noir de fumée; l'on donne de la cohésion à cette poussière en la délayant avec de l'huile ; on forme du tout une boule que l'on place dans un creuset et que l'on met ensuite dans une petite forge; c'est, comme vous le voyez, un creuset plus grand, formé d'une terre réfractaire et entouré d'une enveloppe de fer, qui a pour but de le préserver des courans d'air qui existent dans l'athmosphère; courans qui, à cause de la grande élévation intérieure de température, pourraient produire la rupture. Un tuyau de soufflet passe sous le fond de l'appareil ; ce fond est recouvert d'un petit couvercle dentelé qui donne libre passage à l'air du soufflet, et c'est sur ce couvercle que l'on place le creuset qui renferme la boule de charbon et de peroxide de manganèse ; on entoure de morceaux de charbon de bois et de coak de la grosseur d'une noisette; au bout de 15 ou 20 minutes environ, on obtient le manganèse à l'état métallique et même cristallisé, mais mêlé inévitablement à une petite portion de charbon ; il constitue ainsi un véritable carbure.

Le manganèse ainsi obtenu (je ne parle point du manganèse pur que nous ne connaissons pas), est d'une dureté remarquable, au point que l'on pourrait écrire sur l'acier. Il est très-oxidable ; exposé à l'air humide, il dégage une odeur d'hydrogène très prononcée, en absorbant l'oxigène de l'eau ; il ne tarde pas à se ternir et à tomber en poussière. Il décompose l'eau comme le potassium auquel on peut le comparer dans son affinité pour l'oxigène ; et il ne faut pas hésiter, pour le conserver, à le mettre, comme ce dernier corps, dans l'huile de naphte.

L'on conçoit qu'un pareil corps ne puisse avoir aucune application dans les arts ; aussi, n'est-ce qu'à l'état d'oxide qu'il se trouve fréquemment employé.

J'ai dit que le manganèse jouissait de la propriété de donner naissance à de nombreux oxides ; je vais les citer et esquisser rapidement leurs principaux caractères.

Le *protoxide*. Il est assez difficile à préparer, à cause de sa grande affinité pour l'oxigène. On y parviendra cependant si l'on fait attention (et ceci est un fait que j'ai constaté depuis long-temps), que quelque soit l'oxide que l'on emploie, si on le mêle avec du charbon et que l'on élève la température au rouge, on obtiendra pour résultat du manganèse à l'état de protoxide. On pourrait aussi le préparer en réduisant le deutoxide ou le peroxide par l'hydrogène. Il est vert, fusible, et se dissout dans les acides pour former des sels de protoxide.

Outre ce degré d'oxidation, le manganèse vous en offre un autre sous lequel vous le rencontrez fréquemment dans la nature; c'est le *deutoxide* ou *oxide rouge*. C'est un oxide bizarre par sa composition; il contient trois atômes de manganèse et quatre atômes d'oxigène. Je ne m'y arrêterai point.

Le *sesqui-oxide*. C'est une base salifiable, peu commode, qui donne généralement lieu à des sels de protoxide. Deux atômes de manganèse et trois atômes d'oxigène.

Le *bi-oxide* ou *peroxide*. Il contient un atôme de manganèse et deux atômes d'oxigène. Il se rencontre souvent dans la nature et est d'un usage fréquent dans les arts.

Des *acides* du manganèse. Si vous prenez un oxide quelconque de manganèse, et que vous le chauffiez au rouge avec de la potasse hydratée ou de la soude, ou tout autre alcali, vous obtenez un produit particulier d'un beau vert, dont la découverte est due à Schéele, et qui n'est autre chose qu'un manganésate de potasse. En effet, dans cette circonstance, le manganèse est devenu un véritable acide, et, chose remarquable, cet acide a la même composition atomistique que l'acide sulfurique et jouit des mêmes propriétés. Les travaux remarquables de M. Milscherlitch ont jeté un grand jour sur ce sujet.

Le manganésate de potasse jouit de quelques propriétés fort remarquables. Si vous le mettez dans l'eau , vous obtenez une dissolution d'un beau vert; en augmentant la quantité d'eau elle passera au violet, puis enfin au rouge (de là le nom de camaléon minéral qu'on lui a donné); cette action est due, il n'en faut pas douter, à la présence, dans l'eau, d'une certaine quantité d'acide carbonique; ce qui le prouve, c'est que si vous traitez la dissolution par un acide, l'acide sulfurique, par exemple, vous obtenez immédiatement une belle couleur rouge. Si vous mettez le manganésate de potasse en contact avec un corps qui ait de l'affinité pour l'oxigène, la couleur disparaîtra; c'est ce qui arrive si vous employez de l'acide sulfureux; il y a décoloration et formation d'un sulfate de protoxide de manganèse. Le manganésate de potasse cristallise difficilement.

Nous avons dit que si nous traitions le caméléon vert par l'acide sulfurique, nous obtenions une liqueur pourpre; si l'on décante et si l'on concentre ensuite, on obtiendra des aiguilles rouges et vertes d'une apparence chatoyante, que l'analyse a fait reconnaître pour du permanganésate de potasse; ce sel est isomorphe avec les perchlorates, comme le manganésate était isomorphe avec les sulfates; il prend le nom de caméléon rouge pour le différencier du précédent, dont il se distingue encore par sa plus grande facilité à cristalliser.

Si vous prenez le caméléon rouge et que vous le mêliez avec de l'eau, la dissolution restera rouge, quelle que soit la quantité d'eau employée; mais si vous y ajoutez des corps réductifs, tels que l'acide sulfureux, vous aurez un sulfate de protoxide de manganèse; les matières organiques sont encore dans ce cas, c'est pourquoi il faut bien se garder de filtrer la liqueur. Si vous versez de la potasse, la liqueur de rouge qu'elle était devient verte, et cette action est restée long-temps sans explication; il est très probable que ce n'est point à l'alcali qu'est dû ce changement de couleur, mais bien aux matières organiques que renferment toujours les potasses; et ce qui vient à l'appui de cette opinion, c'est qu'il faut employer une assez grande quantité d'alcali pour que le phénomèn se produise.

L'acide permanganésique abondonne très facilement son oxigène; il est probable d'après cette propriété qu'il pourrait servir à faire des poudres fulminantes comme le chlorate de potasse, etc.

Si vous cherchez à former les chlorures correspondans aux différens oxides de manganèse, vous ne tarderez pas à reconnaître que vous n'en pourrez obtenir que deux, correspondans aux combinaisons extrêmes de l'oxigène et du manganèse. L'un, le protochlorure, correspond au protoxide de manganèse, car il contient un atôme de manganèse et deux atômes de chlore. Le second, le perchlorure correspond certainement à l'acide permanganésique. Pour l'obtenir on met dans un tube du permanganésate de potasse ou caméléon rouge, auquel on ajoute de l'acide sulfurique concentré et l'on chauffe; on obtient alors une vapeur violette dont la nature n'est pas bien connue; ajoutez des fragmens de sel marin, il se formera un sulfate de potasse et l'acide chlorydrique dégagé se joindra à l'acide de manganèse pour former un chlorure de ce dernier corps. Pour prouver que c'est de l'acide permanganésique qui s'est combiné avec le chlore, vous verserez le produit dans une éprouvette mouillée, l'eau sera en partie décomposée ; il y aura dégagement d'acide hydrochlorique et coloration en rose vif dans l'intérieur du vase ; ce sera bien à de l'acide permanganésique que sera due cette belle couleur, car en traitant par la potasse elle passera au vert, et en traitant par l'acide sulfureux, il y aura décoloration instantanée.

Les sels de protoxide de manganèse se caractérisent par les propriétés suivantes. En général, ils sont incolores : cependant vous pourrez les rencontrer quelquefois légèrement roses, ce qui tiendra à la présence d'un sel de peroxide. La potasse précipite le protoxide de manganèse à l'état d'hydrate qui ne tarde pas à devenir un sesqui-oxide; avec l'ammoniaque, il n'y a que la base de la moitié du sel qui soit précipitée ; il se forme alors un sel double soluble : la partie précipitée ne tarde pas comme précédemment à passer à l'état de sesqui-oxide. L'acide hydrosulfurique ne produit rien ; mais avec les sulfhydrates il y a un précipité couleur de chair. Le cyanoferrure jaune de potassium ou prussiate de potasse du commerce donne un précipité assez semblable au précédent, quoiqu'un peu violacé. Ce cyanoferrate de manganèse joue un rôle assez important dans la confection des papiers de sûreté.

Il existe encore une autre classe de sels manganésiques, mais qui sont fort peu stables ; ce sont les sels de bi-oxide ou peroxide de manganèse. Je ne parlerai que d'un seul. Le sulfate de bi-oxide de manganèse est rouge, il peut être très facilement réduit ; on l'emploie comme réactif pour servir à reconnaître les corps qui peuvent encore prendre de l'oxigène. Ces corps mis en présence du sulfate de bi-oxide de manganèse le décolorent et le font passer à l'état de sulfate de protoxide.

DU FER.

On ne peut jamais obtenir le fer pur. Sa grande affinité pour le charbon l'empêche de s'en séparer, et c'est cette séparation plus ou moins parfaite que les fabricans doivent se proposer d'opérer. Les fers les plus purifiés contiennent toujours au moins les 0,005 de leur poids en charbon, quantité assez considérable comme on le voit. Au reste si l'on obtenait le fer pur, il faudrait ensuite pour le fondre et le forger y ajouter une certaine quantité de charbon, sans quoi il ne pourrait se prêter aux usages auxquels il doit servir.

Le fer a une densité d'environ 7,7; il fond à une température plus basse que le manganèse. Pour l'obtenir pur il faudra, comme pour le manganèse, former une boule d'oxide et de charbon très divisé que l'on soumettra à un feu de forge, dans l'appareil dont nous avons parlé plus haut. Il est alors doux, malléable et facile à limer. Ces propriétés physiques varient du reste suivant les traces de corps étrangers qu'il peut contenir, et dont nous allons sommairement parler. Lorsque le fer contient du phosphore, il devient aigre, cassant, à la température ordinaire; s'il contient du soufre, 0,001 seulement suffira pour modifier ses propriétés lorsqu'on l'exposera au feu de la forge; c'est à cette haute température qu'il vous sera impossible de vous en servir; vous ne pourrez plus le frapper, il se brisera sous le marteau. Il y a donc des fers cassant à froid, ce sont ceux qui contiennent du phosphore, et des fers cassant à chaud, ce sont ceux qui contiennent du soufre. La fabrication doit donc se proposer de priver le fer de ces deux matières étrangères. Si le fer était trop pur, s'il ne contenait pas assez de charbon, il courrait encore des inconvéniens et serait rebuté par le forgeron; il arrive dans ce cas que l'oxide qui se forme toujours à la surface, pénètre dans l'intérieur du fer et le rend aigre et cassant. La silicium, d'aprés la manière dont les fers s'extraient du minerai, entre toujours en petite quantité dans ces fers.

Le fer donne lieu à trois degrés différens d'oxidation. *Le protoxide.* Il ressemble au protoxide de manganèse. C'est celui qui se rencontre le plus habituellement dans la nature à l'état de sel. Il est très difficile à préparer.

Le *sesqui-oxide* ou *peroxide de fer*. Il se rencontre aussi en grande quantité dans la nature; on le connaît sous le nom de *colcotar*.

Enfin, un composé de ces deux oxides correspond par sa formation au deutoxide de manganèse. C'est celui que l'on obtient lorsque l'on décompose l'eau par le fer; lorsque l'on bat le fer à une haute température, ce qui produit les *batitures*; l'æthiops martial, préparation pharmaceutique, est encore un oxide de fer composé de protoxide et de peroxide de ce métal.

Il y a deux chlorures de fer.

Le protochlorure composé d'un atôme de fer et de deux atômes de chlore, répond au protoxide de fer.

Le perchlorure formé d'un atôme de fer et de trois atômes de chlore, répond au peroxide de fer.

Le soufre peut se combiner avec le fer, de manière à donner naissance à grand nombre de sulfures; nous distinguerons le protosulfure, formé d'un atôme de soufre et d'un atôme de fer. Il s'obtient très aisément en traitant le sulfate de protoxide de fer par le charbon. Le bisulfure de fer, ne répond à aucun des oxides de ce métal; il est composé de deux atômes de soufre et d'un atôme de fer. Il existe en grande quantité dans la nature, c'est la pyrite de fer; exposée à l'air, cette pyrite passe à l'état de sulfate de protoxide; et en la laissant ainsi un temps suffisamment long, nous avons vu dans la fabrication des aluns qu'elle donnait lieu à la formation du sulfate d'alumine. C'est un corps très dur qui fait feu au briquet; lorsque l'on substitua l'usage des pierres à fusil à celui des mèches dans les armes de guerre, on employa d'abord les pyrites pour produire l'étincelle; c'est depuis qu'on y a substitué avantageusement la pierre à fusil.

Carbures de fer. Nous avons dit que tous les fers en général contenaient une certaine quantité de charbon que nous avons élevée à 0,005 environ : si l'on augmente cette dose d'une très faible quantité, si on la fait passer, par exemple, de 0,005 à 0,008, cette addition aura suffi pour modifier les propriétés du fer; vous aurez un corps d'une nouvelle nature qui jouit de la propriété de devenir extrêmement dur ; si après l'avoir élevé à une température rouge, vous lui faites éprouver un refroidissement rapide, il a reçu alors ce que l'on nomme la *trempe*.

Voici donc deux corps, le fer et l'acier dont, vous le voyez, la composition chimique est à peu près la même, puisqu'elle ne diffère que de quelques millièmes de charbon, mais dont les propriétés physiques sont entièrement différentes.

En effet, si vous chauffez au rouge une baguette de fer, elle restera la même, soit qu'elle éprouve un refroidissement lent, soit que ce refroidissement soit instantané; vous pourrez la forger, la limer comme si elle n'avait été soumise à aucune opération ; mais il en est tout autrement de l'acier. Une baguette d'acier chauffée au rouge et refroidie lentement, se laissera traiter à peu près comme le fer, elle sera seulement un peu plus dure : si au contraire vous refroidissez instantanément en la plongeant dans l'eau, vous aurez un corps extrêmement dur, qui pourra rayer le verre, qui ne se laissera point attaquer par la limaille et qui par le choc du marteau se brisera comme du verre. Plus la température aura été élevée et le refroidissement instantané, plus l'acier possédera à un haut degré la propriété qui le caractérise. La conductibilité du liquide dans lequel se fait la trempe entre aussi pour beaucoup dans la qualité de cette trempe ; si l'on se sert de mercure, qui exige pour s'échauffer une bien plus grande quantité de chaleur que l'eau, mais qui à cause de sa grande densité présente une bien plus grande quantité de molécules au contact de la barre rouge, la trempe obtenue sera beaucoup plus dure que celle donnée par l'eau. Si au lieu de cela on se sert de graisses, d'huiles, la trempe sera plus douce que celle de l'eau ; ces différentes propriétés ont été mises à profit dans la fabrication des aciers et s'emploient suivant les différentes trempes que l'on veut obtenir.

Cette propriété dont jouit l'acier, lorsqu'on l'a trempé, de devenir extrêmement cassant, rendrait son usage impossible dans la fabrication des instrumens tranchans. Il faut diminuer l'effet de la trempe ; on y parvient par l'opération connue sous le nom de *recuit*, et qui consiste à élever de nouveau la température de l'acier, mais à le laisser alors refroidir lentement ; il devient flexible, élastique ; vous en avez un échantillon dans les ressorts de montre.

L'acier que l'on obtient dans le traitement des minerais de fer étant, comme on le savait, un composé de fer et de charbon, on a été naturellement conduit à former cette combinaison d'une manière directe en élevant à une haute température du fer et du charbon. On obtient alors l'acier qui est connu sous le nom d'*aceir de cémentation*.

Pour obtenir cet acier de cémentation, on forme une caisse en terre réfractaire dans laquelle on place une couche d'un certain mélange auquel on donne le nom de *cément ;* sur cette couche on place à côté des uns des autres une suite de barreaux que l'ou veut aciérer ; l'on recouvre d'une nouvelle couche de cément, puis d'une nouvelle couche de barreaux et ainsi de suite, en ayant soin que les barreaux ne se touchent point. On porte le tout dans un fourneau disposé à cet effet, et on le laisse ainsi pendant huit à douze jours. Peu-à-peu le charbon se combine avec le fer pour former l'acier. Si l'on observe l'intérieur du barreau, on verra que l'aciération est beaucoup plus parfaite à la surface qu'au centre. Mais comment cette action s'est-elle opérée ? doit-on admettre que les molécules solides du fer se sont combinées avec les molécules, aussi à l'état solide, du charbon? cette explication ne paraît pas d'accord avec les faits généraux de la chimie. Les expériences récentes de M. Leplay sur ce sujet ont jeté un grand jour sur la fabrication des aciers par cémentation. Il résulte de ces expériences que si vous mettez à une haute température du fer en contact avec de l'oxide de carbone, cet oxide passe à l'état d'acide carbonique et le charbon mis en liberté se combine avec le fer ; or, dans les caisses il existe de l'air qui fait passer, par l'élévation de température, le charbon à l'état d'oxide de carbone ; cet oxide par son contact avec le fer devient acide carbonique et cède son carbone ; l'acide carbonique ainsi formé s'empare d'une nouvelle quantité de charbon pour reformer de l'oxide de carbone, et l'opération se continue ainsi par une suite de compositions et de décompositions successives. Et si on laisse l'action se prolonger pendant un temps suffisamment long, le fer passera à l'état de fonte. On comprendra facilement maintenant l'influence de la composition du cément sur l'aciération du fer. On n'emploie nulle part, je pense, le charbon pur pour composer les cémens. En Angleterre, ils sont composés de charbon et de craie ; cette dernière matière y entre même en quantité assez considérable; elle est les 4/5e du charbon. L'acier ainsi obtenu est de meilleure qualité. Il est facile, d'après ce que nous avons dit, de concevoir comment la craie favorise l'action de la cémentation, c'est par l'acide carbonique qu'elle contient. La théorie de la cémentation peut être regardée maintenant comme parfaitement connue.

Nous devons actuellement parler de quelques variétés de l'acier.

Depuis long-temps l'on fabrique en Orient une variété fort remarquable d'acier connue sous le nom d'*acier damassé*. Nous ne savons pas comment cet acier est obtenu, mais on remarque que si on verse quelques gouttes d'un acide faible, il se produit en cet endroit une espèce de moiré dû à l'hétérogénéité de la matière qui sert à le former ; il y a là une espèce de cristallisation mise à nu par l'action de l'acide ; cette cristallisation n'est point détruite lorsqu'on forge ensuite l'acier, et peut encore être mise en évidence après qu'il a été travaillé. Il faut pour que l'acier puisse acquérir ce damassé qu'il soit refroidi lentement après avoir été fondu.

D'après ce que nous venons de dire, on conçoit que ce damassé s'obtiendra en introduisant dans la matière qui doit faire l'acier un corps étranger qui puisse se disséminer de manière à rendre la masse hétérogène. On parviendra à ce but en ajoutant 0,01 de nickel; cet acier, qui, je crois, se fabrique encore à Schaffouse, est connu sous le nom d'acier météoré, pour rappeler la nature météorique du corps étranger qui y a été introduit.

Si l'on ajoute quelques proportions de chrôme, on obtient un acier d'une excellente qualité, fort dur et cependant facile à ouvrer.

En France et en Angleterre, on fabrique des aciers qui renferment de l'argent comme corps étranger; enfin, on formera encore un acier en ajoutant à la matière une nouvelle dose de charbon.

Mais actuellement la supériorité des aciers d'Orient sur ceux d'Europe est-elle due au damassé de ces aciers? ce n'est pas probable. Nous classons les fers d'après la quantité plus ou moins grande de phosphore qu'ils contiennent, ceux qui en renferment le moins étant les meilleurs; or, les fers de Suède n'en contenant que fort peu, ainsi que ceux des Pyrénées, et ces fers donnant d'excellens aciers, il est fortement à présumer que la qualité des aciers de l'Orient dépend de la grande pureté des fers qu'ils emploient dans leur fabrication; pureté qui a été reconnue par les analyses qui en ont été faites.

Quoi qu'il en soit, vous pouvez fabriquer des aciers d'excellente qualité en faisant fondre des aciers obtenus par la cémentation; cette fusion a pour but de rendre la masse beaucoup plus homogène. Il est alors susceptible de prendre un très-beau poli; il est très-dur, au point même de couper le fer; mais, pour cette dernière expérience, il faut qu'il réunisse à la fois deux qualités qui s'excluent assez ordinairement : une trempe très-dure et une grande ténacité. Ce dernier caractère est essentiel en effet, sans quoi la lame se briserait par la force du choc que l'on produit.

Parmi les différentes variétés d'acier on distingue, vous le savez, comme bien supérieurs, les aciers Anglais; cependant c'est par la cémentation que ces aciers sont obtenus; cette supériorité dans la qualité est due essentiellement, permettez-moi d'insister, à la composition des cémens qu'ils emploient.

SEPTIÈME LEÇON.

2 mai 1836.

Le fer à l'état de protoxide joue, à l'égard des acides, le rôle de base salifiable, et peut former avec eux des sels d'une stabilité assez grande ; ils se reconnaissent aux caractères suivans : Les sels de protoxide de fer sont verts. Si vous les traitez par une dissolution alcaline de potasse, de soude, de baryte, de strontiane, de magnésie même, il se formera un précipité blanc, qui n'est autre chose que de l'hydrate de protoxide de fer. Ce précipité devient vert, puis jaune, ce qui est dû à la transformation de l'hydrate de protoxide en sesquioxide de fer parfaitement pur. Si on substitue l'ammoniaque aux différentes bases dont nous avons parlé, le précipité n'est que partiel ; la moitié du fer se précipite à l'état d'hydrate de protoxide, qui ne tarde pas à se transformer en sesquioxide, et il y a formation d'un sel double soluble de fer et d'ammoniaque ; l'action de l'ammoniaque est, comme on le voit ici, la même sur les sels de protoxide de fer que sur ceux de protoxide de manganèse. Si l'on met ces sels en contact avec les carbonates alcalins, il se forme un précipité d'un blanc sale de protoxide de fer ; mais l'air, agissant sur ce carbonate ainsi formé, fait passer le protoxide à l'état de sesquioxide, qui est une base si faible, que, l'acide carbonique se dégageant bientôt, le précipité devient jaune; c'est du sesquioxide de fer. Le carbonate de protoxide, qui est insoluble dans l'eau pure, devient soluble, au contraire, si l'on ajoute à cette eau un excès d'acide carbonique. Ceci vous expliquera ce qui se passe dans les eaux ferrugineuses. Vous pouvez être certain que, dans la dissolution, le fer se trouve à l'état de protoxide; aussi, lorsqu'elles ont coulé quelque temps à la surface de la terre, sont-elles complétement dépouillées de fer; le protoxide du carbonate a, comme dans l'expérience, passé à l'état de sesquioxide, et s'est déposé sous forme de poudre jaune le long du ruisseau. Au reste, la même chose aura lieu toutes les fois que vous formerez un sel de protoxide de fer avec un acide faible; c'est ce qui arrivera, par exemple, si vous formez un borate de fer par voie de double décomposition. Si vous traitez un sel de protoxide de fer par l'acide sulfhydrique, il ne se formera rien; mais si vous employez un sulfhydrate, le sulfhydrate d'ammoniaque, par exemple, il y aura à l'instant même un précipité noir très-abondant de protosulfure de fer. Si vous prenez le prussiate du commerce, ou cyanoferrure de potassium, et que vous versiez une dissolution de ce sel sur un sel de protoxide de fer, vous obtenez une couleur presque bleue, et qui devient, par le contact de l'air, ce que l'on appelle *bleu de Prusse;* c'est même de cette façon que s'obtient presque tout le bleu de Prusse du commerce; si l'on verse une dissolution de chlore sur le produit ainsi obtenu, l'intensité de la couleur bleue en sera remarquablement augmentée. Si vous vous servez, comme réactif, d'un sel dont je mentionne seulement le nom, sans parler de sa nature, du cyanoferrure rouge de potassium, vous avez immédiatement, et sans recourir au chlore, une magnifique couleur bleue; ce caractère est un des plus saillans. Enfin, si vous versez une dissolution de noix de galle sur un sel de protoxide de fer, à l'abri du contact de l'air, la liqueur n'est point altérée; mais peu à peu, l'action de l'air sur le protoxide le faisant passer à l'état de peroxide, la liqueur devient noire, c'est de l'encre.

A ces caractères propres aux sels de protoxide de fer, opposons ceux qui distinguent les sels de peroxide.

Les sels de peroxide de fer sont d'une couleur jaune ou brune plus ou moins foncée; ils sont beaucoup moins stables que les sels de protoxide, je veux dire qu'ils sont plus facilement décomposés si l'on élève la température des dissolutions qui les contiennent. Ils ont une saveur styptique, un goût d'encre bien plus prononcé que dans les sels de fer au minimum. En général, le fer à l'état de peroxide sature difficilement les acides avec lesquels il est mis en contact, en sorte qu'il y a dans ces sels une grande tendance à devenir basiques; leurs dissolutions seront donc légèrement acides. Les bases alcalines, comme la potasse, la soude, etc., donnent un précipité jaune plus ou moins foncé d'hydrate de sesquioxide de fer. Si l'on verse une dissolution d'un carbonate, il y a d'abord formation de carbonate ferrugineux, mais bientôt l'acide carbonique se dégage, et l'on obtient l'oxide pur. Le prussiate rouge de potasse, qui, dans les sels de protoxide, donnait un précipité bleu très-intense, ne produit rien de semblable dans les sels de peroxide, et c'est un moyen certain de les distinguer les uns des autres. Le cyanoferrure jaune de potassium, rencontrant le fer au maximum d'oxidation, donne immédiatement un précipité d'une magnifique couleur bleue. Avec la noix de galle il y a précipité d'un gallate noir de peroxide de fer. Un caractère distinctif des sels de peroxide, c'est qu'avec le sulfocyanure de potassium, il se produit une couleur très-vive d'un rouge de sang. Enfin, le fer de ces sels sera ramené au minimum d'oxidation, si on les traite par des corps désoxidans; l'acide sulfhydrique, par exemple, sera décomposé; le soufre se précipitera, et l'hydrogène, se portant sur l'oxygène du peroxide, pour former de l'eau, le fera passer à l'état de protoxide.

En résumé, nous voyons, dans la comparaison des sels du protoxide et du peroxide de fer, que ces derniers sont beaucoup moins stables que les premiers, qu'ils approchent beaucoup moins qu'eux d'être des sels neutres; que leur dissolution présentera, par conséquent, une saveur acide que celle des sels de protoxide ne donnera point.

Voyons actuellement sur quels caractères principaux repose l'extraction du fer des minerais qui le contiennent. Je ne pourrais sans doute décrire tous les appareils employés dans cette industrie, toutes les modifications qui y sont apportées suivant les localités, suivant la nature du combustible que l'on peut avoir à sa disposition; je me propose seulement d'établir nettement les principes sur lesquels est fondé le traitement de ces minerais; principes d'une importance telle qu'il n'est permis à personne de les ignorer.

Les substances naturelles d'où l'on retire le fer sont peu variées; ce sont habituellement des oxides de ce métal que l'on traite dans la fabrication; non pas qu'il soit impossible de l'obtenir en se servant d'autres combinaisons du fer; mais, l'oxide se trouvant en quantité suffisante dans la nature, il a été inutile de faire usage de composés plus compliqués, qui ne pourraient qu'augmenter la difficulté du travail et élever le prix de la fabrication.

Le fer se trouve quelquefois à l'état naturel, mais en quantité fort petite, dans les pays où la civilisation est avancée; ce n'est que dans les pays presque déserts, comme la Sibérie, où l'on peut espérer en rencontrer des masses assez considérables pour pouvoir être exploitées.

Laissant donc de côté ces accidens fort rares, on arrive à considérer, en second lieu, le fer à l'état d'oxide. Ce n'est point à l'état de protoxide, mais bien à celui d'oxide magnétique, qu'il se rencontre dans la nature; c'est un composé de protoxide et de peroxide dont nous avons déjà parlé. Il constitue, à cet état, la plus grande partie des fers de Suède, ceux du Pérou, et se présente souvent sous forme de cristaux octaèdres, qui s'exploitent, du reste, avec le même avantage.

Le sesquioxide, ou peroxide, se trouve en cristaux sous forme de rhomboèdres, et se rencontre aussi très-fréquemment dans la nature. Il forme le minerai que l'on traite dans l'île d'Elbe et à Framont, pour en extraire le fer.

Ce même oxide existe encore à l'état d'hydrate, et constitue la majeure partie du fer que l'on exploite en France; ce minerai est alors jaune, tandis que les autres, au contraire, sont rouges.

Enfin, le fer peut encore être obtenu en traitant un sel ferrugineux; mais il faut alors que l'acide soit assez faible pour ne pas venir compliquer l'opération de la fabrication; c'est indiquer, par cette condition, le carbonate de fer, et c'est en effet ce sel que l'on traite souvent pour en obtenir le fer pur. Il est exploité dans les Pyrénées, dans le département de l'Isère, près de Grenoble; c'est le même, quoique sous une autre forme, qui est traité en Angleterre; celui-ci se distingue du premier en ce qu'il est associé à la houille, et c'est ce qu'indique son nom de fer carbonaté des houillères; on le trouve aussi dans cet état dans les mines de Saint-Étienne, en France. Enfin, ce même carbonate se trouve mêlé avec des proportions d'argile plus ou moins considérables, et est alors connu sous le nom de fer carbonaté argileux.

Voici donc cinq variétés de minerais qui exigeront des préparations différentes avant d'être soumises à la fabrication.

Lorsque le minerai est mêlé à des parties terreuses, on le lave plus ou moins long-temps, en remuant la masse, afin d'en séparer ces parties étrangères; pour cela, on le place dans des courans d'eau, et souvent on substitue à l'action de la pelle, pour remuer le minerai, une machine fort simple appelée *patouillet*. Lorsque ce minerai a ainsi été séparé des matières étrangères qu'il contenait, on le soumet au traitement des fourneaux.

Lorsque la mine qui contient le fer est à l'état compacte, lorsqu'elle est à l'état de *roche*, cette opération du lavage ne peut plus être faite avantageusement; on soumet alors la matière à une température plus ou moins élevée, qui a pour but la désagrégation des parties, en faisant passer l'eau qu'elle contient à l'état de vapeur, et en dégageant l'acide carbonique; la matière devient alors friable, et peut être soumise à la fabrication.

Quoi qu'il en soit, du reste, de ces deux préparations, qui diffèrent suivant la nature de la mine que l'on emploie, cette mine peut encore contenir quelques substances chimiques étrangères; d'abord le bisulfure de fer qui se trouvera dans toutes les pyrites et qui, par le soufre qu'il contient, rendra, comme nous le savons, le fer cassant à chaud; le phosphate de fer est un des sels les plus nuisibles à la bonne qualité du produit : il le rend cassant à froid. Enfin, trois métaux sont alliés au minerai de fer. Le titane, que l'on reconnaît dans les scories sous forme de cristaux éclatans : il se rencontre dans les fers de Prusse; en France, je ne pense pas qu'on en ait constaté la présence : il jouit de la propriété de rendre réfractaire la matière soumise à la fabrication. Le plomb, que l'on trouve dans certains minerais de fer, en France; heureusement qu'il ne se combine pas avec lui : il fond à une température plus basse, et s'écoule dans le fond du creuset en vertu de sa plus grande pesanteur spécifique. Le zinc étant volatil disparaît également et ne peut nuire, en aucune façon, dans la fabrication.

Vous connaissez maintenant la nature et l'état des matières que vous avez à traiter; nous allons nous occuper actuellement des détails de la fabrication.

Dans certains pays, comme les Pyrénées, la Corse, on emploie, pour transformer le minerai convenablement préparé en fer, un moyen connu sous le nom de méthode catalane, et il est vraiment surprenant de voir combien ce moyen si simple se trouve d'accord avec toutes les prescriptions de la théorie. Cette méthode fort ancienne était autrefois la seule usitée pour se procurer du fer; des ouvriers nomades se transportaient avec tous leurs appareils et s'établissaient là où l'abondance du minerai promettait un travail productif; lorsque ce minerai était épuisé, ou lorsque le combustible manquait, ils changeaient de place et allaient établir ailleurs leurs forges portatives. Dans presque tous les lieux de l'Europe on rencontre des traces de ces anciennes exploitations; elles sont dénotées par la présence de nombreuses scories provenant des matières terreuses de la fabrication. Ce fourneau à la catalane est un creuset rectangulaire, formé de quatre plaques; à la partie antérieure est un trou qui livre passage au bec d'un soufflet; ces soufflets, comme vous pouvez le savoir, sont alimentés par de petits courans d'eau que l'on fait arriver dans un réservoir supérieur. Lorsque l'on veut travailler, on commence par établir un lit de charbon que l'on recouvre d'une nouvelle quantité de charbon et de minerai; mais l'expérience a appris que pour la réussite de l'opération il ne fallait pas que le minerai de fer et le charbon fussent mêlés; le minerai se place du côté du fourneau situé à l'opposé du vent, tandis que le charbon se place sur la face antérieure; on parvient facilement à établir cette disposition au moyen d'une planche qui forme séparation. Or cet enseignement de l'expérience est parfaitement d'accord avec les prescriptions qu'indique la théorie. En effet, que se passe-t-il dans cette transformation du minerai en fer? Il arrive que l'oxygène de l'air produit par le tirage du soufflet est d'abord transformé en acide carbonique, en oxide de carbone ensuite, et c'est à cet état qu'il agit sur l'oxide de fer pour le réduire et le faire passer à l'état de fer métallique, ainsi que le prouvent les expériences de M. Leplay, dont je vous ai parlé dans la dernière leçon; il est donc nécessaire que la couche de charbon soit assez épaisse pour que l'acide carbonique puisse être transformé en oxide de carbone; vous voyez donc que la théorie aurait indiqué la disposition à donner au chargement du fourneau si l'expérience ne s'en était point chargée.

Lorsque tout le minerai est arrivé dans le fond du fourneau, on augmente la température pour que les molécules de fer métallique puissent se souder les unes aux autres; l'ouvrier introduit alors un ringard dans la masse en fusion; cette masse s'attache au crochet de manière à pouvoir être facilement tirée hors de la forge : elle est à cet instant même soumise à l'action d'un lourd marteau qui en rapproche les parties métalliques, en fait sortir les matières étrangères comme d'une éponge, et donne pour résultat une masse de fer propre aux usages auxquels elle doit servir. L'on conçoit que dans de pareilles forges, il est facile de faire passer le fer à l'état d'acier ; il suffira pour cela d'ajouter une légère quantité de charbon au dosage précédent et d'incliner le bec du soufflet de manière que le vent produit, pouvant parcourir un plus grand espace rempli de charbon, arrive au minerai chargé d'une plus grande quantité d'oxide de carbone. Or cette opération de l'aciération s'effectue toujours en partie dans cette méthode de traitement du minerai ; aussi les fers que l'on obtient, plus aciérés qu'il ne serait généralement convenable, ne peuvent-ils être employés dans beaucoup de circonstances; on devra les réserver pour la fabrication de certains produits qui exigent une dureté plus grande, comme des socs de charrue, des faux, etc.

La simplicité du procédé que nous venons de décrire, procédé qui pourra du reste être avantageusement employé, toutes les fois que le minerai se trouvera dans un état de pureté convenable, a été, nous n'en doutons pas, l'origine de la fabrication du fer.

Mais lorsque l'on veut opérer la fusion du fer pour obtenir la fonte, tel n'est plus le procédé que l'on peut employer. L'on conçoit, en effet, que cette fusion du fer exige une température bien supérieure à celle qui est développée dans les foyers à la catalane ; elle ne pourrait donc s'effectuer qu'à la faveur d'un fondant, qui ne serait autre que le silicate de fer, et qui exigerait pour sa formation une quantité tellement considérable du fer du minerai, que la portion libre qu'on en retirerait ne pourrait couvrir les frais d'exploitation. On emploie alors, pour le traitement du minerai de fer, ce que l'on appelle les *hauts fourneaux*.

Ils ont la forme de deux cônes juxta-posés sur leur plus grande base ; cette section du fourneau s'appelle le *ventre* : vous y remarquerez, comme dans la méthode catalane, une première ouverture qui livre passage au vent du soufflet, et une seconde située en face par où doit s'écouler le minerai fondu. Enfin c'est par l'orifice supérieur ou *gueulard* que l'on charge le fourneau.

La haute température de ces fourneaux permet ici de substituer la chaux au fer, pour la transformation de la silice en silicate ; ce silicate pourra dans ce cas être fondu ; résultat que n'aurait pu produire la basse température des fourneaux catalans ; et telle est l'exactitude de ces procédés, qu'un minérai rend, après l'opération, exactement la même quantité de métal qu'avait indiquée l'analyse. Ce sont au reste ceux qui sont le plus en usage, il est donc convenable de les étudier avec soin.

On commence par charger le fourneau d'un lit de combustible, que nous supposerons être un mélange de cook et de charbon ; on place ensuite le minerai qui contient de l'oxide de fer et de la silice ;

enfin sur le tout, on place un calcaire qui prend le nom de *castine*, et dont la base doit servir à la transformation de la silice en silicate de chaux : ce calcaire ne devra point être de la craie qui se réduirait en poussière, il doit au contraire être employé en morceaux assez gros.

On reprochait aux fabricans d'employer le minerai, le charbon et la castine en morceaux trop gros; on pensait que les avantages seraient plus grands si l'emploi s'en faisait en parties très-divisées, et si le mélange des trois couches était plus intime: il n'en est rien; c'est au contraire une condition essentielle pour obtenir de bons résultats, que de conserver le parallélisme des tranches, et les maîtres de forges doivent y porter principalement leur attention; sans ce soin, les fourneaux ne tarderaient pas à être dégradés, et les produits obtenus diminueraient sensiblement. En effet, d'après la théorie de M. Leplay, l'air atmosphérique doit produire l'acide carbonique par son oxygène, en traversant la première couche de charbon; puis ensuite passer à l'état d'oxide de carbone en traversant la seconde; réduire alors l'oxide de fer, et le faire passer à l'état de fer métallique; ce dernier, rencontrant de nouvelles quantités d'oxide de carbone, les transforme en acide carbonique et s'empare de leur charbon pour devenir acier d'abord, et fonte ensuite; enfin il descend successivement à travers les différentes couches, et se rassemble dans le creuset à l'état de fonte plus ou moins carburée. Dans le commencement le feu n'étant pas très-grand, la silice ne peut encore se combiner avec le protoxide de fer, et elle ne le peut plus vers la fin de l'opér[illegible] parce que celui-ci s'est rassemblé dans le [illegible] fourneau. Le fer arrive donc à la partie inférieure combiné avec le charbon qui augmente sa fusibilité; il s'y rassemble en vertu de sa pesanteur spécifique et est recouvert par le silicate double de chaux et d'alumine moins dense que lui; peu à peu le niveau s'élève et atteint l'ouverture pratiquée dans le creuset; on livre alors passage à la fonte qui s'écoule comme un fleuve de feu, recouvert à la surface de ce silicate double de chaux et d'alumine, espèce de matière vitrifiée, connue dans la fabrication sous le nom de *laitier*. Cette fonte est reçue dans des moules prismatiques dont elle prend la forme, et est ainsi livrée au commerce ou soumise à une nouvelle opération suivant l'usage auquel on la destine.

On a soin d'arrêter le vent lorsque l'on fait la coulée; lorsqu'elle est terminée, on ferme l'orifice du creuset, on fait aller les machines soufflantes, et l'opération ne tarde pas à recommencer.

Un haut fourneau peut ainsi marcher, sans être réparé, pendant un espace de quatre à cinq ans, quelquefois de dix à douze ans; quelquefois aussi les réparations deviennent indispensables bien avant cette époque. Cette durée plus ou moins longue dépend des briques que l'on a employées; et vous voyez ici pourquoi j'insistais, dans une précédente leçon, sur la qualité de ces briques et sur l'attention que les propriétaires d'usines doivent apporter dans leur choix.

Telle est, messieurs, l'opération qui s'effectue

www.ingramcontent.com/pod-product-compliance
Ingram Content Group UK Ltd.
Pitfield, Milton Keynes, MK11 3LW, UK
UKHW020920180726
13838UKWH00002B/656